文化广西

遗存

# 广西文物

蒋廷瑜 林强 谢广维 编著

广西科学技术出版社

图书在版编目（CIP）数据

广西文物 / 蒋廷瑜，林强，谢广维编著．—南宁：广西科学技术出版社，2021.6
（文化广西）
ISBN 978-7-5551-1586-1

Ⅰ．①广… Ⅱ．①蒋… ②林… ③谢… Ⅲ．①文物—介绍—广西 Ⅳ．① K872.67

中国版本图书馆 CIP 数据核字（2021）第 086079 号

出 版 人　卢培钊　　责任编辑　何杏华　罗煜涛
出版统筹　郭玉婷　　责任校对　梁诗雨
设计统筹　姚明聚　　美术编辑　韦娇林
印制统筹　罗梦来　　责任印制　陆　弟
书籍设计　姚明聚　徐俊霞　刘瑞锋
唐　峰　魏立轩

出　　版　广西科学技术出版社
广西南宁市东葛路 66 号　邮政编码　530023
网　　址　http：//www.gxkjs.com
发行电话　0771-5842790
印　　装　广西壮族自治区地质印刷厂
开　　本　1230 mm × 880 mm　1/32
印　　张　6.5
字　　数　134 千字
版　　次　2021 年 6 月第 1 版　2021 年 6 月第 1 次印刷
书　　号　ISBN 978-7-5551-1586-1
定　　价　28.00 元

# 前 言

广西地形地貌多样，岩溶发育，南濒北部湾，河流众多，山清水秀，气候温暖湿润，生物资源丰富。秀丽的八桂大地，孕育了灿烂的广西历史文化，留下了丰富多彩的珍贵文化遗产；旖旎的山水之间，点缀着广西悠久历史文化的文物古迹，记录着人类从远古走来的历史，散发着广西历史文化的独特魅力。这一切，将通过《广西文物》呈现在我们面前。

广西文物工作在中华人民共和国成立前是十分微弱的。虽然早在 1934 年就成立了广西省立博物馆，且适逢兴安宋代大塔倒毁，从地宫中获得一批珍贵文物，但是因抗日战争时辗转躲藏，这批文物大部分已散失。

中华人民共和国成立后，中国共产党和人民政府十分重视文物事业。自 1960 年起，广西壮族自治区文物管理委员会指导全区开展文物普查，于 20 世纪 60 年代完成了南宁、梧州、玉林、桂林地区的文物普查，80 年代完成了柳州、百色、河池、钦州地区的文物普查，逐步摸清了广西的文物家底。2007 年，开始进行第三次不可移动文物普查工作。最新普查结果显示，目前全区不可移动文物有 1 万余处。

从 1954 年夏至 1957 年底，先后在桂林、贵县（今贵港，下同）、兴安、藤县、富钟（今钟山）、梧州等地发掘清理汉晋墓葬400多座，出土文物11000余件（套）。1958年，调查发现了柳城巨猿洞、柳江人化石和来宾麒麟山人化石。

20世纪60年代，试掘了邕宁长塘、武鸣芭勋、扶绥江西岸、横县（今横州，下同）西津等新石器时代贝丘遗址以及梧州宋代钱监遗址。20世纪70年代，试掘了南宁豹子头、扶绥敢造、横县秋江等贝丘遗址，发掘了桂林甑皮岩洞穴遗址、钦州独料遗址、隆安大龙潭遗址、平乐银山岭战国至汉代墓群、合浦堂排汉墓群、贺县（今贺州，下同）铺门河东汉墓、昭平北陀乐群汉墓、北流铜石岭汉晋冶炼遗址、合浦望牛岭汉墓、贵县罗泊湾一号汉墓，清理了恭城秧家春秋晚期墓，搜集了西林普驮西汉铜棺墓和铜鼓墓的出土文物。

党的十一届三中全会以后，广西文物事业获得了较大的发展。1979年，调查发掘了桂林宝积岩遗址和贵县罗泊湾二号汉墓。1980年，发掘了柳州鲤鱼嘴遗址、贵县风流岭汉墓、贺县铺门金钟汉墓、融安锅铲坪南朝墓，对左江流域岩画进行了全面考察。1981年起，发掘了兴安石马坪汉晋墓群、兴安严关窑址、武鸣马头先秦墓群。1990年后，对兴安秦城遗址进行了两次试掘，对北流岭峒窑址进行了正式发掘，对左江、右江流域的岩洞葬进行了全面考察。1992年，发掘了柳城大埔窑址。1993年，发掘了田东高岭坡遗址。1994年后，发掘了钟山县燕塘张屋汉墓群、贵港孔屋岭汉墓、贵港马鞍岭汉墓、合浦盘子岭汉墓、那坡感驮岩遗址、邕宁顶蛳山遗址、资源晓锦遗址。

进入21世纪后，完成了百色水利枢纽、长洲水利枢纽、金鸡滩水利枢纽，桂林至梧州高速公路、南宁至百色高速公路、百色至隆林高速公路，贵阳至广州铁路、南宁至广州铁路、湘桂铁路等国家大型基础建设工程涉及的文物古迹的调查、发掘、保护工作，发掘了百色大梅、革新桥，桂平大塘城、上塔，崇左冲塘、何村，隆安大龙潭，武宣勒马等百余处遗址和墓葬群，发现了旧石器时代至明清时期的大批遗存，出土了大批石器、陶器和铜器等器物。结合重要课题研究，主动发掘了隆安娅怀洞、桂林甑皮岩、柳州大龙潭鲤鱼嘴、合浦大浪古城、合浦草鞋村等遗址，配合花山岩画、灵渠、海上丝绸之路申报世界文化遗产及大遗址保护工作，做了大量的调查、发掘工作，如发掘了龙州庭城、兴安秦城、合浦望牛岭汉墓、浦北越州故城等遗址和墓葬。

至此，广西文物工作陆续发现和发掘了史前、先秦、汉代、三国、两晋、南朝、隋、唐、五代、宋、元、明、清等各时期的遗址、城址、墓葬、窑址、岩洞葬，并出土了大量文物，各级博物馆、图书馆收藏了32万余件（套）文物，极大地丰富了广西地方史、民族史的研究内容。

《广西文物》荟萃广西文物的珍品，用通俗的语言、真实的照片，讲述广西源远流长的史前时期、瓯骆交融的先秦时期、多元一体的秦汉至明清时期、风云激荡的近代等的文明及走向世界的申遗项目，呈现广西文物的精彩与神奇，把我们领入尘封的历史和岁月，让我们在历史的隧道中游览、欣赏广西先民创造的文化瑰宝，品味其中的艰辛和沧桑，使我们在惊叹与震撼之余对创造历史的先民肃然起敬，激发我们的民族自豪感与创造未来的责任感。

消逝的历史带走了先民的身影，留下的是蕴含着民族精神与文化的无价之宝。在川流不息的历史长河中，广西文物只是广西历史文化中的一部分，让我们在游览之中了解广西的历史，在欣赏之中领略广西文化的精髓，在探索之中传承广西文化之魂，在奋发之中创造广西的未来。

# 目　录

DT6
DT2

# 源远流长

## ——史前时期

广西位于中国南疆，气候温热湿润，四季花果飘香，茂林修竹；地形复杂多样，特别是广泛分布的石灰岩洞穴，成为史前人类理想的栖息场所；河流密如蛛网，如粗细银带相互交织；动物种类繁多，“鱼虾跃于水，鸟兽鸣山中”。广西优越的自然生态环境，为史前人类的居住和生活提供了理想的条件。

从距今200万年的么会洞人到距今6万—5万年的柳江人，记录了广西古人类从直立人发展到智人的进程。具有80万年历史的石器，凝聚着广西早期人类的聪明和智慧。远古人类在与大自然的搏斗中走进了新石器时代，活动的遗址分布于洞穴、山坡、台地、河旁、沙滩等地带。在甑皮岩遗址、革新桥遗址、顶蛳山遗址、大龙潭遗址等遗址中，发现了陶器、磨制石器、骨角器、蚌器、居住遗迹……人类在不同的地理环境中，书写着史前文明的奇迹，不同时期人类的生活与生产的变化，为我们勾勒出广西史前文明的变迁。

远在距今约200万年，史前人类就已经踏上了广西这片肥沃的土地，在田东县的么会洞安了家；到了距今约80万年，又有一批史前人类在物产富饶的百色盆地繁衍生息，他们筚路蓝缕，采集渔猎，创造出灿烂的手斧文化。此后，史前人类在广西这个大舞台上轮番登场，上演了一出又一出精彩的历史好戏，留下了极为丰富的文化积淀。百色旧石器遗址、甑皮岩遗址、白莲洞遗址、顶蛳山遗址等一批史前人类家园的遗址如同耀眼的明珠，吸引着世人的目光。

# 混沌初开

人类学会制造和使用石器就与猿类彻底分家了，变成了真正的“人”。人类使用石器的漫长时代，称为“石器时代”。一开始人们对石器的加工只会打制，这种石器叫“打制石器”。使用打制石器的时代称为“旧石器时代”。

旧石器时代极为漫长，广西遗存丰富，巨猿化石地点、古人类活动的遗址遍布广西各地。目前发现的遗址主要有田东么会洞遗址、柳城巨猿洞、柳江人遗址、桂林宝积岩遗址、来宾麒麟山人洞、田东高岭坡遗址、百色上宋村遗址、百色百谷遗址、百色枫树岛遗址、隆安娅怀洞遗址、柳州白莲洞遗址等。

## 柳城巨猿洞

巨猿是已灭绝的古猿，生存于距今100万—20万年。巨猿体型巨大，站立时高达3米，重500多千克，是曾经生活在地球上最大的灵长类动物。巨猿是高等灵长类中重要的种类，形态特征介于猿类和人类之间。学术界对巨猿的分类尚未统一，一些学者把巨猿归属猿科，另一些学者认为巨猿应归属人科。迄今为止，世界上发现巨猿化石地点共 10 处，国外只有 2 处，中国境内有 8 处，其中有 6 处在广西境内，分别位于柳城县、大新县、南宁市武鸣区、巴马瑶族自治县、田东县、崇左市。由此可见，广西可谓巨猿的老家。

20 世纪 30 年代前，谁也不知道曾经有过这样一种灵长类动物。1935 年，荷兰古生物和古人类学家孔尼华在香港的中药铺里购得大量哺乳动物牙齿化石，其中有一枚巨大的高等灵长类动物

巨猿复原像

的下右第三臼齿，他认为这是一种与人类很接近的灵长类动物的牙齿，代表猿类的一个新属新种，遂命名为“步氏巨猿”。1946年，美国著名古人类学家魏敦瑞出版专著，把这种动物称为“巨人”。究竟是巨猿还是巨人，古生物学家和古人类学家对此展开了热烈的讨论。他们迫切想要知道这种化石的原产地和地质年代。20世纪50年代，中国科学院古脊椎动物研究室组织华南洞穴科学考察队来广西展开野外考察。

1956年初，考察队来到大新县榄圩乡正隆村那隆屯北面的牛睡山黑洞，发现了巨猿的一枚下第三臼齿、一枚下第一前臼齿和一枚上臼齿，便把这个黑洞命名为“大新巨猿洞”。就在这年夏天，柳城县社冲乡社冲村农民覃秀怀到该村附近的楞寨山硝岩洞挖岩泥，无意中挖出一个巨猿下颌骨。洛满圩的银行干部韦耀社动员他把挖到的东西捐献给国家。经过多人的辗转传递，于1956年底传到前来广西考察的专家手里。根据这个线索，考察队查访到这个巨猿下颌骨的发现地，并在这里安营扎寨，开始了大规模的发掘工作。经过1957年、1958年、1959年、1960年、1962年、1963年等多年的发掘，又发现了巨猿2号洞，挖掘出3个巨猿的下颌骨和1000多枚零星的巨猿牙齿化石。

由于在硝岩洞发现如此丰富的巨猿化石，便将该洞命名为“巨猿洞”，为避免与大新巨猿洞重复，遂称为“柳城巨猿洞”。1963年，柳城巨猿洞被公布为广西壮族自治区文物保护单位，从此扬名海内外。2003年，柳城巨猿洞被公布为全国重点文物保护单位。

柳城巨猿洞发现的巨猿下颌骨和牙齿化石（左）与现代人牙齿（右）的比较

## 么会洞遗址

么会洞遗址是目前发现的广西最古老的人类化石产地，位于田东县城西面约 12 千米处的布兵盆地。盆地周围石灰岩山峰林立，盆地内耕地万顷，阡陌纵横，宛若一幅美丽的山水画。

么会洞遗址最早发现于 2001 年。2001 年 5 月，广西自然博物馆、田东县博物馆和布兵镇文化站等单位的同志在布兵盆地的石灰岩山洞进行调查，寻找古人类化石和动物化石。当他们行至盆地边缘一座山附近时，半山上一个并不显眼的洞穴进入他们的眼帘。该洞的洞口不但离山脚高，而且从山边到洞口的坡势很陡。

时值初夏，山坡上长满齐人高的杂草，要上去着实困难。但想到这种山洞里很可能埋藏有早期人类化石和动物化石，他们还是下定决心，克服困难爬了上去。进入山洞后，他们发现洞内的堆积很厚，但破坏很严重，很大一部分堆积在20世纪五六十年代被当地村民挖岩泥挖走了。从残留的堆积剖面上来看，此处动物化石很丰富，有各种古生物的牙齿化石。他们仔细查看，不时用地质锤在村民翻动过的硬土中敲挖，看是否有人类化石，结果在扰动过的堆积中发现了一枚人类牙齿化石。这令他们大喜过望，兴奋不已，遂决定对这个洞穴进行发掘。

2002—2003年，广西自然博物馆对该洞进行了两次发掘，出土了一枚人类牙齿化石和少量石制品，以及与人类化石同出的巨猿化石及其他动物化石。

从么会洞发现的人类臼齿的形态特征与北京猿人等中国直立人接近，以及尺寸明显大于北京猿人等中国早期直立人化石的情况看，它很可能属于直立人的一种早期类型。根据动物群的性质以及年代测定，可判断其年代为距今200万年左右。因此，么会洞人类化石应是亚洲迄今已知的年代最早的人类化石之一。

么会洞遗址共发现了8件石制品。这些石制品出土于地层堆积的上部，年代上晚于发现在地层堆积下部的人类化石和巨猿化石。么会洞的石器器型有手镐、刮削器等，其制作技术和形制与百色盆地的旧石器相似。这些石器没有被搬运的痕迹，表明是早期人类在洞穴活动时留下的。

么会洞还出土了12枚巨猿牙齿化石和猴、象、熊、豹、犀

● 么会洞遗址出土的巨猿牙齿化石

牛等近 30 种动物化石。

么会洞遗址同出土巨猿化石与人类化石，这一现象是考古发现中极为少见的。因此，该遗址的考古发现不仅对研究人类的起源和扩散具有非常重要的意义，而且为进一步研究百色盆地旧石器的相关科学问题提供了重要的线索。

## 柳江人遗址

广西不仅是巨猿的故乡，而且是远古人类居住之地。早在 5 万年前，现代人的祖先——柳江人就在此安家，繁衍生息。柳江人遗址位于柳州市东南 16 千米处的柳江区新兴农场通天岩的一个支洞内。

1958 年 9 月，柳江县国营新兴农场的职工在通天岩支洞挖岩泥，无意中挖到一个人头骨化石并立刻报告场长李殿。李殿在此前不久曾听过中国科学院裴文中教授做古生物化石的学术报告，想起他正在找化石，于是发电报给中国科学院古脊椎动物研究所。此时，所里有两位专家正在柳城巨猿洞进行发掘，听到这个消息后，马上赶往新兴农场。他们接过这件化石时，双手打抖，激动得说不出话来，立刻脱下外衣，包裹起来，连夜专程送往北京。经专家鉴定，这个人头骨化石和 4 个胸椎骨、5 个腰椎，以及骶骨、右髋骨和左右股骨各 1 段等化石，同属一个年龄为 40 岁左右的男性个体。我国著名古人类学家吴汝康院士对在通天岩发现的人类化石进行研究后将之命名为“柳江人”。

柳江人属在人种分化中较原始的蒙古人种。蒙古人种有南、北两种类型，北方类型以北京周口店的山顶洞人为代表，南方类型就以柳江人为代表。可以说，柳江人是一种正在形成中的蒙古人种早期类型，是南方蒙古人种的最早祖先，也是迄今为止我国乃至整个东亚地区发现的最完整的晚期智人化石。

柳江人遗址除出土人类化石外，还先后发现大熊猫、剑齿象、箭猪、野猪、犀牛、巨貘、黑熊、猩猩、猴子、野牛、鹿等 16 种动物的骨骼或牙齿化石。对这里发现的动物群研究表明，当时这一带有茂密的森林、众多的湖泊和水量丰沛的河流，气候温暖湿润，生长着许多动植物，是原始人类生活的乐园。

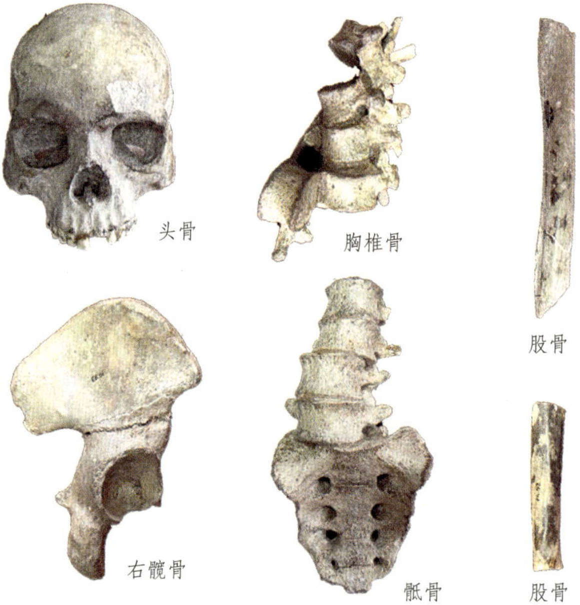


柳江人化石

柳江人化石的发现不仅为研究中国晚期智人的体质特征以及早期智人与晚期智人体质变化的关系提供了极为珍贵的实物资料，而且在研究东亚地区乃至太平洋地区晚期智人的迁徙和扩散方面具有非常重要的学术价值。

后来的考古发现表明，柳江人一直在华南地区繁衍，是当地世居民族的祖先。但是，柳江人的后裔并不是全部定居在华南，也有不断向外迁移的。柳江人的后裔去澳大利亚的路线可能是从广西出发，先到达加里曼丹岛，然后通过苏拉威西岛，一直向东登上新几内亚岛，到达澳大利亚北部海岸，再沿东海岸往南，直到塔斯马尼亚岛。

## 宝积岩遗址

在桂林市中山北路西侧，有一座与叠彩山风洞东西对峙的石山，名叫宝积山。山不甚高，但石径曲折，林木葱郁，是一处古老的游览胜地，早在唐代就被开发了。山的北端有华景洞，保存宋、明、清各代游客的题名题诗甚多。宋代的李师中、吕愿中、方信孺、李曾伯，明代的杨芳、徐霞客，都曾浪迹其间，留名在壁。山的南端原有诸葛武侯祠，今祠虽已废，但明代重修诸葛武侯祠碑仍耸立山麓，可以为证。

宝积山的西南端也有一个山洞，名叫郭家岩，鲜为人知。此洞洞口略呈斜三角形，高约 4 米，方向朝西南，离山脚高 7 ～ 8 米。站在洞口，可以西望老人山，南眺桂林城区。主洞开阔，像一个椭圆形的大厅，主洞之后还有支洞，地面平坦，适于人居。1979 年，广西师范学院附属中学（今广西师范大学附属中学）少年课外科学活动小组在洞内采集到一批动物化石，经鉴定，其中有一枚是人类牙齿，因而引起考古工作者的注意。当年，经考古发掘，在洞内灰黄色堆积中又挖出一枚人类牙齿化石和一批哺乳动物化石，并有人类制造的石器，从而翻开了桂林远古人类活动历史的第一页。宝积山郭家岩出土的动物化石包括6目16种，即灵长目的猕猴、长臂猿，食肉目的中国熊、猪獾、巴氏大熊猫、最后斑鬣狗，啮齿目的华南豪猪、竹鼠，奇蹄目的巨貘、犀牛，偶蹄目的野猪、鹿、麂、水牛、羊，长鼻目的剑齿象。这些动物都是第四纪生活在华南洞穴中的大熊猫-剑齿象动物群中常见的成员。其中，巴氏大熊猫、最后斑鬣狗、巨貘、犀牛、剑齿象都属于绝灭种，由此可以推断它们生存的地质时代是更新世晚期，距今已有三四万年。

在此洞的人类牙齿化石发现之前，发现最早居住在桂林的人类是距今12000—7000年的甑皮岩人。甑皮岩在桂林市南郊9千米处。甑皮岩人是新石器时代早期人类，他们已经懂得采集和渔猎，会烧造陶器。宝积岩人则原始得多，他们只会制造粗糙的打制石器，还不懂得对石器加以砥磨，更不知道烧造陶器。他们利用粗糙而又简单的砍砸器、刮削器过着极为原始的采集和狩猎生活，与野生动物共存。桂林的山水对他们来说只是衣食之源，说不上任何诗情画意，哪能有像宋代元在庵主题在华景洞的《石堂歌》所云“暖则乘风凉则眠，烟霞云外朝还暮”的闲情逸致。但是，正是他们点燃了手中的火把，最先探索了天造地设的山水胜地。

宝积岩人是广西继柳江人、麒麟山人、都安人之后发现的又一种旧石器时代晚期的人类。它的发现把桂林居民的历史从甑皮岩人往前推进了好几万年，说明在三四万年前桂林市区已有古人类劳动生息。伴出的还有当时制造和使用的石器，清楚地表明了

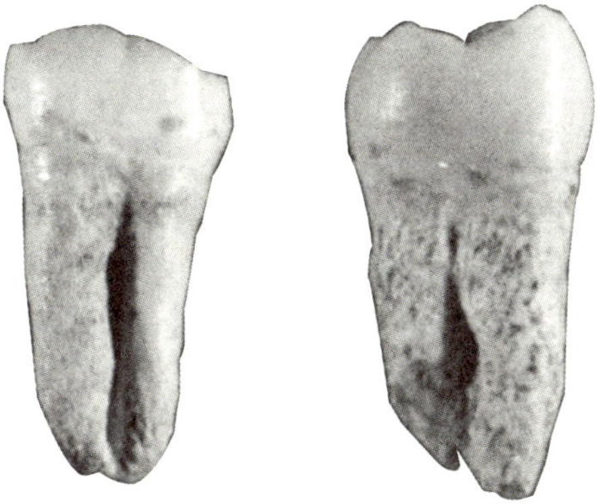

宝积岩人类牙齿化石

当时的生产力水平。在旧石器时代遗址中，人类牙齿化石、动物化石、打制石器三者同时并出，这种情况并不多见，广西考古也还是在宝积岩中第一次见到，这种现象对单独发现人类牙齿化石和石器的其他遗址的研究，有着重要的参考价值。

## 百色旧石器

百色旧石器是百色盆地发现的旧石器遗址的统称，最初发现于 20 世纪 70 年代，推测其年代早到距今约 80 万年。目前，考古人员在盆地内发现的旧石器遗址或地点有 100 多处，获得的石制品数以万计，代表性遗址有百谷、上宋、大梅、小梅、枫树岛、那赖、檀河、高岭坡、百渡、坡洪等遗址。百色旧石器大多比较粗大，以大型工具为主，器型有砍砸器、手镐、刮削器、手斧和薄刃斧等，其中以砍砸器的数量为最多，而手斧是百色旧石器中最典型的器物。手斧作为史前时期第一种两面精细打制加工的标准化重型工具，是最早反映人类对称意识，也是旧石器时代早期、中期技术含量最高的一种生产工具，代表着直立人阶段石器制作的最高水平。

七八十万年前，我们的祖先就看上了百色盆地这块风水宝地，在富饶的红土地上繁衍生息，创造出灿烂的手斧文化。百色盆地发现众多的手斧，其年代早到距今约 80 万年。百色手斧、手镐等石器的发现不仅展现了东亚直立人在石器制作方面的高超水平，而且打破了由美国人类学家莫维士提出并统治学术界长达半

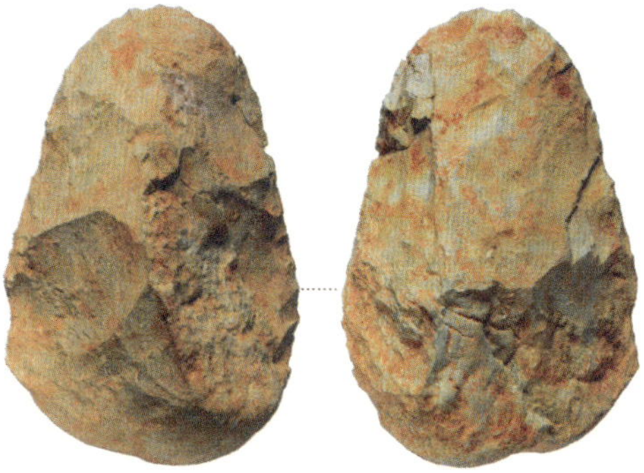

手斧

个世纪之久的“关于欧洲、非洲和中东及南亚次大陆南部为先进的手斧文化圈，而东亚、东南亚和南亚次大陆北部为缺乏手斧的落后砍砸器文化圈”的“莫维士线理论”。2001 年 1 月，“人类起源再添新证，百色旧石器挑战‘莫氏线’理论”被评为“2000 年中国基础科学研究十大新闻”。2000 年 3 月，中国、美国的科学家关于百色旧石器的研究报告《中国南方百色盆地中更新世似阿舍利石器技术》在美国《科学》杂志上发表，在国际学术界引起了强烈反响。

上宋村遗址位于百色市右江区那毕乡上宋村附近的高阶地上，是百色盆地发现的第一个旧石器遗址。该遗址的发现及发掘出土的遗存，不仅为之后开展的百色旧石器调查和研究提供了认识的基础，而且为对百色旧石器开展包括地质学、地貌学、年代学、古生物学、考古学、古人类学等多学科的综合研究提供了机遇。

高岭坡遗址位于田东县林逢镇檀河村坡算屯，最初发现于 1973 年，是百色盆地最重要的旧石器遗址之一。1988 年在网纹红土层中发现的一批石器，确定了包括手斧在内的旧石器原生层位，为百色旧石器研究提供了有力的地层学证据。

百谷遗址位于百色市右江区龙景街道大和村百谷屯背面山的顶部。1993 年，考古队对该遗址进行了较大规模的发掘，首次在原生网纹红土层中发现了与旧石器共存的玻璃陨石，为解决包括手斧在内的百色旧石器的年代问题提供了可靠的测年标本。

# 文明先河

新石器时代是一个以石器磨制技术为主要特征的人类社会发展阶段。经过旧石器时代的长期摸索和漫长积累，生产技术迎来了质的飞跃，并由此带来了生活方式及社会结构的改变。这一阶段的人类除已经逐渐掌握较为成熟的石器磨制、切割、钻孔等技术外，还发明了陶器，并且出现了原始农业及家畜的饲养驯化，逐步过上了原始定居的生活。与我国其他地区相比，广西进入新石器时代的时间较早，大约在距今12000年前后就已出现了陶器，但文化发展进程相对缓慢。目前发现的遗址已经有400多处，主要遗址有柳州白莲洞遗址、鲤鱼嘴遗址，桂林甑皮岩遗址，资源晓锦遗址，都安北大岭遗址，百色革新桥遗址，南宁顶蛳山遗址、豹子头遗址，隆安大龙潭遗址，象州南沙湾遗址，防城港亚菩山遗址，田东利老遗址，等等。这些遗址或处岩溶洞穴，或临河旁台地，或处丘陵山坡，或滨沿海港湾，各自依托所处的自然资源条件，逐渐发展出了适应自身生存环境的物质文化和精神文化，并在长期的碰撞交流中逐步走向融合，为文明时代的到来默默积蓄力量。

## 白莲洞遗址

白莲洞遗址位于柳州市南郊莲花山上，是柳江人的邻居白莲洞人曾经生活作息的地方。白莲洞因洞口正中有一块巨大的白色钟乳石形似莲花蓓蕾而得名。

1956 年，中国科学院古脊椎动物与古人类研究所广西工作队在裴文中、贾兰坡教授的率领下，在广西调查巨猿和人类化石时发现了白莲洞遗址。1973 年 8 月至 1980 年 2 月，柳州市博物馆对白莲洞遗址进行过多次清理和试掘。1981 年 4 月和 1982 年 3 月，北京自然博物馆和柳州市博物馆在裴文中教授的指导下对白莲洞遗址进行联合发掘。历次的清理和发掘，共发现白莲洞人用火遗迹 2 处，获得白莲洞人牙齿化石 2 枚、石制品 500 多件、陶片若干、动物化石 3000 多件。这些遗存说明大约距今 5 万年，白莲洞人已经会缝制衣服、用火和吃熟食。

白莲洞遗址的文化堆积分为三期。第一期文化年代为距今 30000—18000 年的旧石器时代，出土的石器以燧石制作的小型石器为主，同时存在少量的砾石石器。此时，白莲洞人的经济活动主要以采集和渔猎为主。第二期文化年代为距今 18000—12000 年由旧石器时代向新石器时代的过渡时期，燧石细小石器明显减少，砾石石器上升为主导地位，出现了局部磨刃石器和穿孔石器等新的文化因素。此时，白莲洞人的经济活动虽仍以采集和渔猎为主，但已由渔猎、采集等掠夺性经济向原始农耕和原始驯养等生产性经济过渡。第三期文化年代为距今 12000—7000 年的新石器时代，文化遗物中出现了通体磨光石器、骨针、骨锥等，并出土了原始陶片和穿孔装饰品。此时，农耕经济有了进一步的发展。白莲洞遗址三个不同时期的文化遗存，清晰地展示了华南地区旧石器文化向新石器文化过渡的轨迹。

白莲洞人牙齿化石

穿孔石器（第二期）

刮削器（第一期）

磨刃石锛（第三期）

白莲洞遗址出土的遗物

白莲洞遗址地层堆积厚达3米，时间跨度为距今37000—7000年，拥有连续完整的层位，是华南地区洞穴遗址群中不可多得的更新世晚期至全新世早期、中期的标准剖面和地点，是罕见的南亚热带晚更新世玉木冰期以来全球性古气候信息的储存库。白莲洞遗址出土的动物化石数以千计，有30多个种属，包括猕猴、大熊猫、剑齿象、犀牛、巨貘等大熊猫-剑齿象动物群常见成员，这些动物可能是白莲洞人的盘中餐。白莲洞遗址丰富的动物遗存为复原古生态环境、探讨华南地区史前人类的经济生活以及原始农耕与动物驯养活动提供了珍贵的资料。

白莲洞遗址全景式地展示了华南地区旧石器时代文化向新石器时代文化过渡的场景。因此，它的发现和研究对于探讨中国南方乃至东南亚地区史前人类文化从旧石器时代向新石器时代的过渡具有极为重要的意义。如今，白莲洞遗址已经建成柳州白莲洞洞穴科学博物馆。该馆陈列了大量的古人类和哺乳动物的化石，是一座融洞穴科学研究、科普和旅游为一体的综合性博物馆，其主体白莲古洞已经成为中外人类学家关注的科研场所、科普课堂和旅游胜地，成为柳州市历史文化名城建设的新成果和新地标。

## 甑皮岩遗址

甑皮岩遗址位于桂林市南郊的独山西南麓，年代为距今12000—7000年，是华南地区新石器时代早期有代表性的遗址。

该遗址是中国制陶技术重要的起源地之一，是华南及东南亚史前考古最重要的标尺和资料库之一，是现代华南人和东南亚人古老祖先的居住地之一。

1965 年 6 月，广西壮族自治区文物管理委员会组织了一支考古队在桂林石灰岩地区进行文物普查，选定南郊一片孤峰与平地错落的荒野作为重点对象。一天中午，他们来到大风山附近的一座孤山，坐在山洞前吃干粮，无意中锄到夹砂陶，采集到磨制石器，不经意间竟发现了一处原始文化遗址。这座山外貌形似当地

● 甑皮岩遗址内景

居民用的蒸锅的盖，当地方言称为“甑皮”。因此，这个岩洞就被叫作“甑皮岩”。1973 年，人防部门在甑皮岩开挖防空洞时炸开了钙华板，文物部门立即进行抢救性发掘。2001 年又重新组织发掘，发掘面积 10 平方米。

考古人员在这个洞穴里发现了墓葬、灰坑、火塘、石器加工点等遗迹，出土陶制品近 400 件，石制品 5000 多件，骨、角、牙、蚌制品 300 多件。此外，还发现大量动植物遗存，其中植物有近 20 个种属，包括山黄皮、朴树、桂花等；水陆生动物更多，仅哺

甑皮岩遗址出土的骨器、蚌器

甑皮岩遗址第五期出土的陶器

乳动物就有约30个种属，包括鱼类、贝类、鸟类以及猪、牛、鹿、大象、猴、熊、犀牛等。这些动植物遗存的发现表明，采集和渔猎是甑皮岩人的主要经济活动，他们通过上山打猎、采集和下水捕捞等方式获取大量的水陆生动物和植物作为口中美食。

丰富的文物类型引起考古学家的强烈兴趣。为了弄清楚甑皮岩遗址的年龄，他们根据地层堆积关系及文化遗物的特征，利用碳-14测定，发现在距今12000—7000年这长达5000年的时间里，早期人类一直居住在此。

甑皮岩遗址以其深厚的文化堆积、清晰的地层序列和丰富的文化内涵，成为华南乃至东南亚地区史前考古最重要的标尺和资料库之一，为史前考古学，尤其是华南和东南亚地区史前考古学研究提供了十分丰富的考古资料。由于其在学术上的重要性，自发现以来，许多国内外著名学者纷纷前来参观考察。1978年，甑皮岩洞穴遗址陈列馆成立并对外开放；2004年，被公布为全国重点文物保护单位；2010年，被列为第一批国家考古遗址公园；2017年6月，中国社会科学院考古研究所在桂林举行“中国南方史前考古暨桂林甑皮岩遗址发掘学术研讨会”。

## 顶蛳山遗址

顶蛳山遗址位于南宁市邕宁区蒲庙镇新新村九碗坡东北约1千米的顶蛳山上，坐落在邕江支流八尺江右岸第一阶地上，处于八尺江与清水泉交汇处的三角嘴南端。这处遗址离邕江干流较远，直至20世纪90年代初，一场洪水漫上顶蛳山，水退后，有人捡到鹿牙、象骨，拿到邕宁县（今南宁市邕宁区）文物所鉴定，考古专家循此线索踏上顶蛳山，看到满地散落的螺壳，才发现了这处贝丘遗址。

顶蛳山遗址是广西目前所知保存面积最大，出土遗存最丰富且最有代表性的新石器时代贝丘遗址。1997—1999年，进行了3次发掘，共挖掘331座墓葬，出土400多具人类遗骨，上千件石器、蚌器、陶器及鹿、象、牛等动物骸骨。其中，1997年的发掘还被评为当年的“全国十大考古新发现”。

墓葬是顶蛳山遗址最为重要的遗迹之一，其均为竖穴土坑墓，墓坑大多浅而小。大部分为单人墓葬，小部分为合葬墓，最大的合葬墓包括了7个个体的人类遗骸。葬式为屈肢葬和肢解葬，以屈肢葬为主。屈肢葬样式较多，包括仰身屈肢、俯身屈肢、侧身屈肢和屈肢蹲葬。肢解葬则为把人体从关节处肢解，分别放置在墓中；不少是从颈部和腰部将人体肢解成三大部分，并将头颅塞入胸腔之中，且摆放的姿态各异，没有规律。对于肢解葬的成因，有学者认为是氏族部落战争所造成的非正常死亡。他们推测在七八千年前，南宁邕江河段两岸地区水土丰饶，物产丰富，吸引越来越多的族群来此居住。但随着社会的发展，人口日益增多，人均拥有自然资源数量减少，以氏族聚落为单位的疆域观念随之产生，在自然资源、人口分布与资源分配不相适应的情况下，必然会导致争夺资源的械斗或战争的发生，产生非正常状态的死者。但这仅是一家之言，真正的原因目前尚不清楚。多数墓葬中没有

● 肢解葬

● 屈肢葬

随葬品，少数有随葬品的墓也仅随葬 1 件或 2 件石器、骨器或蚌器，未见随葬陶器的墓葬。多数墓中或墓四周都放置有数量不等的小石块，有的压放在人体骨骼的上部，其中 23 号墓用一块扁平的大石块将蜷曲的人体全部压住，55 号墓在人体下整齐地平铺了 48 件未加工的石块。

顶蛳山遗址是广西史前文化遗址中发现墓葬最多的一处，而且葬式独特，尤其是肢解葬，为过去考古所未见，相似的肢解葬习俗在世界其他地区也尚未见到，表明了其独特的埋葬习俗和丰富的文化内涵，为研究当时当地的社会结构和埋葬习俗提供了极为重要的资料。保存较好、数量众多的人类遗骸的发现，提供了

骨铲

骨针

骨鱼钩

穿孔蚌器

顶蛳山遗址出土的遗物

目前广西最完整的史前人骨资料，可以填补广西史前体质人类学研究的空白，是探讨广西地区史前时代的人类种属、体质特征以及与东南亚地区史前人种关系的珍贵资料。

2001 年，顶蛳山遗址被公布为全国重点文物保护单位。鉴于遗址在广西南部贝丘遗址中的代表性地位，学术界提出了“顶蛳山文化”的命名。当前顶蛳山遗址已建成贝丘遗址博物馆，成为广西河岸贝丘遗址的重要展示及研究场所。

## 革新桥遗址

革新桥遗址位于百色市百色镇东笋村百林屯，距百色市区约 10 千米。所处位置是在右江南岸平坦的台地上，背山面水，自然生态环境非常优越。该遗址于 2002 年在配合基本建设而进行的考古调查中发现，分布面积约 5000 平方米。由于即将建设的百色至罗村口高速公路经过这个遗址，2002 年 10 月至 2003 年 3 月，广西壮族自治区文物工作队（现为广西文物保护与考古研究所）对遗址进行抢救性发掘，揭露面积 1600 多平方米，发现一处大型的石器制造场，出土了数以万计的文化遗物，收获重大。该遗址的发掘，被评为 2002 年度“全国十大考古新发现”和 2001—2002 年度国家文物局田野考古三等奖。

革新桥遗址出土的石器分为打制石器和磨制石器两大类。器型丰富多样，有砍砸器、刮削器、尖状器、敲砸器、切割器、穿孔器、研磨器、石斧、石锛、石凿、石拍、石锤、石砧、砺石等。

此外，还有一定数量的石核和石片。

砍砸器是打制石器中数量最多的一种工具，通常以较粗大的扁长形或扁圆形砾石为原料，单面打制而成。研磨器数量也很多，是革新桥遗址最具特征的器物之一，长一般为 10 ～ 15 厘米。使用部位在较粗一端的底部，这个部位有一个大致呈圆形的研磨面。有的研磨器形状略似腰鼓，制作非常精致、对称、美观。研磨器是和研磨盘配对使用的。斧、锛类是磨制石器的主体部分，通体磨制，但大部分仅刃部磨制较精细，几乎不留打击疤痕，而器身略加磨制，留有较多深而大的砸击痕迹，平面通常呈近长方形、梯形、三角形，长多在 10 厘米左右。石凿数量不多，有一种凹刃石凿制作比较特别、精致。

革新桥遗址还出土了一件石拍。考古研究及民族学资料表明，这种石拍是用来制作树皮布的，这表明广西先民早在五六千年前的新石器时代已开始制作和使用树皮布。

革新桥石器制造场出土的加工工具多种多样，主要有石锤、石砧和砺石。有些加工工具在以往的考古发掘中未曾发现过。石锤是这些加工工具中数量最多的一种，大多是选用合适的砾石直接使用，经过加工制作的石锤几乎没有。通常在器身的一端或两端布满砸击痕迹，有的甚至周身都有砸击痕迹。石锤多数为拳头大小，呈长条形。石砧是置于地上的垫打工具，因而一般大而厚重，有的大石砧还兼做砺石使用。在石砧的一个面或两个面，有的甚至包括侧面都有密密麻麻的砸击坑疤；有的由于多次反复使用，就像切菜的砧板一样，中间部位的使用面明显内凹。砺石是

石拍

凹刃石凿

石砧（石砧上有许多砸击痕迹）

● 革新桥遗址出土的石器

用来砥砺斧、锛等磨制石器的，表面留有磨制器物的磨痕，磨痕分弧形和槽形两种。

多数情况下，考古挖出来的文化遗物并不是人们想象中的宝贝，也许没有多少经济价值，却具有历史价值和科学价值。特别是史前时期的生产工具，大多数是用石头做成的，制作既简单又粗糙，如果是外行人还不一定看得出来。在革新桥遗址发掘期间，曾有这么一个故事：

考古队发掘工作进行半个多月后，挖到了石器制造场，这时发现大量的石制品，多数是石料、毛坯和半成品。一天，一个民工不无遗憾地对考古领队老谢说："老兄呀，你这次亏大本了。你花了那么多钱，挖了那么长时间，挖出来的尽是石头，没有一件金银珠宝啊！"老谢说："我们要挖的就是这些东西啊。"民工说："这些石头哪里用挖，河边多的是！"老谢向他解释道："这些石头跟河边的不一样，这是古人挑选出来的石料并被加工过的。"民工不以为然地说："我看跟河滩上的没有什么不同。"遇到这种情况，老谢没有办法向他解释清楚，只好对他说："兄弟呀，要是你都懂了，我就没有饭吃了！"听老谢这么一说，民工就没话讲了。

此次发掘除发现一大型石器制造场外，还发现两座古墓葬，出土大量的动植物遗存以及少量陶片，其中动物有大象、猴、熊、鹿等 10 多个种类。这些动植物遗存，应是古代人临时用餐时所遗弃的残留物。他们在这里燃起篝火，屠宰猎物，边烤边吃，同时享用的食物还有从河中捕捞的鱼虾鳖类以及周围采集的野果等。

革新桥遗址是百色地区面积较大、保存最好的新石器时代中晚期遗址。特别是在这里发现的石器制造场，当时在广西新石器时代遗址中尚属首例。作为单一地点的石器制造场来说，其规模之大、石制品之丰富、保存之完好，在全国也是罕见的。这对研究当时石器的制作流程、制作工艺和技术以及社会分工等，都具有非常高的学术价值。在发掘期间，有许多学者前来参观考察，并对革新桥遗址的重要性给予了高度肯定。

## 大石铲遗址

大石铲遗址是广西南部地区新石器时代晚期最具地方特色的史前文化遗存。大石铲遗址主要分布在广西南宁市、崇左市，特别是在南宁市西郊和隆安县南部、崇左市扶绥县东北部等左江、右江汇合成邕江的三角地带分布最为密集，为大石铲遗址分布的中心区。据不完全统计，在广西境内发现的大石铲遗址或地点近百处，其年代为新石器时代晚期，可能晚至商周时期，绝对年代在距今 5000—4000 年。这类大石铲，除我国岭南地区的广东、海南和越南北部有极少发现外，在全国乃至世界其他地区都还没有见过，形成了桂南大石铲的独特之处。

由于大石铲的分布地域主要在广西南部，因此名叫桂南大石铲。桂南大石铲文化作为广西最具地域特色的一种原始文化，其以独特的形态、神秘的埋放方式向我们展示了一个原始而古老的祭祀场景。尽管目前还存在诸多待解之谜，但这种广泛分布而且相对统一的祭祀遗存显示出大石铲所属群体已具备相对复杂化的社会组织架构和共同的意识形态信仰，表明在新石器时代晚期的广西南部大地已经出现了文明的曙光。

关于桂南大石铲的用途，学术界还有不同的看法。多数人认为，大石铲可能与祭祀有关。大石铲起初应是一种实用工具，随着社会和环境的变化，大石铲原本的农业生产功能逐渐退化，最后演变为一种祭祀用品，成为当时原始居民宗教祭祀活动的重要组成部分。大石铲的发现、发掘和研究成果，证明大石铲是广西地区极富地方特色的一种原始文化遗物，表明新石器时代晚期，生活在广西左江、右江交汇处两岸的远古先民在认识环境、改造自然的过程中具有丰富的思想内涵和独特的世界观，从而创造出一种地方特色浓郁的原始文化。它是 20 世纪广西文物考古中最重要的发现之一，在考古、历史、民族、宗教、社会、艺术等方面具有重要意义。

大石铲虽以大名之，但体型大小不一，最大者长度达 70 厘米，最小者长度不足 4 厘米，而且刃部基本都不开刃，显示了较为明确的非实用性特征。石铲均呈短柄带肩的对称形态，从上至

石铲大小对比

下一般分为柄、肩、牙、腰、刃五部分。柄部有长有短；肩部有平肩及斜肩两种，也有双肩和双重肩之分；腰部有束有平，根据腰部特征大致可分为束腰和平腰两大类。

大石铲埋藏坑形状有长方形、近椭圆形、近圆形和不规则形几种，其大小深浅不一，最深者超过3米。坑内大多有意识地埋放石铲，放置方式多样，有平叠放置、侧竖放置、刃部朝上直立放置、石铲贴边放置及不规律散乱放置等几种。大部分石铲均置于坑底，也有部分坑底、中间及坑壁都放置有石铲的。坑内填土多较纯净，部分坑内发现有红烧土和火烧过的橄榄核及炭屑，有

长方形石铲埋藏坑或墓葬

的石铲埋藏坑里还填充有大量的石铲残、碎片，最多的一个坑内填充石铲残片达 856 片。

大龙潭遗址位于隆安县乔建镇博浪村博浪屯东北约 1500 米的右江西岸台地上。所处位置平整开阔，周边为石灰岩峰丛，多低矮平缓的坡岗，中间有较为开阔的平地。大龙潭遗址是大石铲遗址中遗迹遗物最为丰富的遗址，以石铲为主，另有零星陶片、砍砸器、石锛、砺石等。这些石器和陶片的发现，为大石铲的年代判断提供了较为明确的共存物依据。

利老遗址位于田东县作登瑶族乡大板村大勤屯南面的龙须河左岸的利老坡上。2015 年对该遗址进行发掘，共发现灰坑 10 个、墓葬 3 座、环形沟 1 条，出土遗物主要有石制品及陶器两大类，以石制品居多。石制品主要有石铲原（废）料、石锤、石砧、砺石、石铲、石斧、石锛、砍砸器几种。陶器主要有杯、壶、圜底罐几种，胎质均较薄，烧制火候较低，纹饰以绳纹、横“S”纹为主。

大龙潭石铲祭祀场

圜底罐

陶壶

石铲

利老遗址出土的遗物

# 瓯骆交融

——先秦时期

先秦一般指我国进入文明时代至秦王朝建立的这段时间。先秦时期，随着中原及周边地区文明进程的加速，广西也受到了更多外来文化的影响，逐渐形成了东部以原始瓷、几何印纹硬陶为特征的硬陶文化和西部以夹砂绳纹陶为主的绳纹软陶文化这两大文化系统，并在不断的互动融合中形成了骆越、西瓯两大族群。

骆越主要活跃于南宁及其附近的左江流域、右江流域及红水河上游一带，其由本土原始文化发展而来，无论是遗物特征还是文化习俗均与其分布地域内的史前文化存在明显的传承关系，显示出较为明显的本土文化特征。进入青铜时代以后，在周边文化的影响下，骆越本土文化特征逐渐减弱，并最终融入百越文化体系，成为百越族群的一个分支。而西瓯的形成则相对要晚一些，其主要分布于广西东北至东南一线的广西东部地区，遗存以广泛分布于苏、浙、闽、粤一带的几何印纹硬陶为主，具有较为鲜明的百越文化特征。西瓯文化的形成与百越文化对广西东部地区的持续影响和越人的南迁有关。百越文化进入广西后，逐步融合了广西东部地区的原始文化，并在楚灭越后随着越人的大量南迁得以加速发展，逐渐由广西东北至东南一带向西部扩展，为骆越融入百越提供了强大的动力。最迟至战国晚期，具有明显西瓯文化特征的文化遗存已经推进到了南宁武鸣安等秧一带。

# 骆越世居

骆越也称“骆”,《史记·南越列传》中曾多次提到“骆”这一称谓。完整的“骆越”一词则最早见于《汉书·贾捐之传》。虽然骆越族群相关活动事迹主要见于汉代，但是学术界普遍认为，骆越族群的形成比文献记载的要早，在商周时期就已出现。有学者认为《逸周书·王会解》中记载的“路人”指的就是骆越族群。根据文献及考古资料的对比研究，学术界早在20世纪80年代就将武鸣马头元龙坡发现的土坑墓认定为骆越族群的墓葬。以武鸣马头元龙坡墓地为基础，经过多年的发掘研究，骆越文化面貌及其发展脉络已日渐清晰。

目前发现的与骆越相关的遗存主要有遗址、岩洞葬和土坑墓。这些遗存分布范围明确、文化面貌传承有序，不仅完整地再现了骆越族群的物质和精神文化特征，而且清晰地展示了骆越文化的形成和发展演变轨迹，是骆越民族属性最有力的体现。

## 感驮岩遗址

感驮岩遗址位于那坡县城北的后龙山下，为洞穴遗址。洞口向西，有一条清澈的暗河流出，注入洞前的那坡河。这个大溶洞远在新石器时代就有人居住，并薪火相传近2000年，一直延续到青铜时代。感驮岩历来为边陲风景游览胜地，曾为明代镇安土府的驻地，历史上不少贤达募捐集资对其进行修饰保护，文人墨客亦于石壁上镌刻诗词，以抒感怀，如“驮岩滴翠”“福荫边陲”“群蛙泰和”“吸尽天云”“别有洞天”“一线天”等大量石刻及记载史料，有碑刻50余方，可谓风水宝地。2006年，感驮岩遗址被公布为全国重点文物保护单位。

1956年，农民为积肥，到洞内刨挖岩泥，挖出了一些陶片和磨制得很漂亮的石斧、石锛。广西壮族自治区文物管理委员会得知此消息，于1958年和1962年两度派人前往调查和试掘，清理出一批陶器、石器、陶片和动物遗骸，当时认为洞内的文化层位已被扰乱，就没有进一步发掘研究。20世纪90年代初，当地居民将洞内地面填平，铺上水泥，做成舞场。由于洞中流水仍不断冲刷出石器和陶片，1997年8月由广西壮族自治区文物工作队和那坡县博物馆联合开始进行正式发掘。这次发掘发现墓葬3座、灰坑1个、用火痕迹多处，出土大量文化遗物，包括陶器、石器、骨器、蚌器等人类生活用具、生产工具。

截至2000年，发掘揭露面积380平方米，发现墓葬、灰坑等遗迹，出土了丰富的文化遗物，包括石器、陶器、骨器、蚌器、铁器等生产工具和生活用具，人类食用后遗弃的动物遗骸，以及炭化竹木类编织物、炭化稻、炭化粟等。根据测年数据、地层堆积及出土器物特征，可将该遗址的遗物分两期，第一期是距今约4700年的新石器时代晚期，第二期是距今3800—2800年的商周时期。

第一期的遗物主要有使用打制、磨制、切割、钻孔等技术进行加工的刮削器、双肩石锛、有肩斧等石器，有绳纹、篮纹、乳丁纹等纹饰的圈足、三足或圜底的罐、釜、杯等夹砂陶器，以及数量较多的动物骨骼、牙齿和螺蛳壳，还有少量的炭化竹木类编织物。

双肩石锛

三足罐

感驮岩遗址出土的第一期遗物

第二期的遗物包括陶器、玉石器、骨器、角器等，器物类别及种类更加丰富多样。陶器更为先进，装饰手法、器类、器型更加多样，制作精致，器表光滑细腻，简直就是艺术品。还发现较多刻划同心圆纹的陶纺轮，表明当时居住在感驮岩的史前人类已经掌握了原始的纺织技术，开始纺线织布，过上了男耕女织的生活。骨器数量较多，器型丰富，制作精致，其中有一枚骨牙璋，为广西先秦考古发现中仅有的一件。

陶圈足壶

陶罐

陶圈足碗

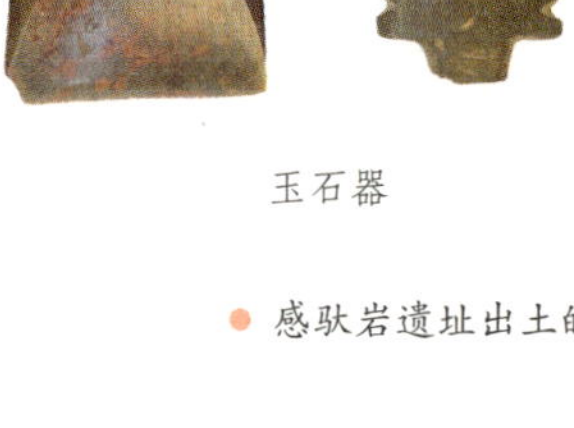

玉石器

骨牙璋

感驮岩遗址出土的第二期遗物

所谓牙璋，大致是长条形玉质或石质的铲，特点是射部有呈月牙形的歧尖，柄上有阑，两侧有牙脊突出。有的学者称之为“刀形端刃器”，而多数学者因循惯例，从清末吴大澂《古玉图考》所定，称之为牙璋。其原型当为石质、骨质、木质的铲、耜之类的农业工具。牙璋起源于黄河流域的新石器时代晚期，在成都平原、岭南的环珠江口地区及越南北部亦有不少发现，大多以玉石制作。

感驮岩遗址出土的这枚牙璋虽为骨制，但形制与其他地区发现的牙璋基本相同，说明当时居住在这里的先民已告别史前时期，步入了文明时代。感驮岩遗址出土的牙璋在广西先秦考古中还是首次发现，它的出现证明该遗址与中原地区古代文化有着比较密切的联系，也为越南北部冯原文化牙璋的来源提供了很重要的线索。

感驮岩遗址出土的遗物特征鲜明，风格独特，地域色彩明显，同时具有外来的文化元素，为研究本地区史前文化与周边地区史前文化的关系和本地区石器时代向青铜时代的过渡问题提供了珍贵的实物资料。

## 弄山岩洞葬

弄山岩洞葬位于南宁市武鸣区仙湖镇雷蓝屯东面的弄山山脚。2003 年，武鸣县仙湖镇邓吉村村民在弄山炸石时意外地炸出一个石山洞口，揭开了古代骆越先民岩洞葬的奥秘。洞口位于高出地面 9 米的山腰上，以石灰岩封堵。洞内呈“+”字形，由洞厅和 4 个支洞组成，面积约 200 平方米。发现的人骨较为残碎，经鉴定分别属于 4 个个体。

随葬器物较为丰富，共出土陶器、石器、玉器、蚌器共 100 余件，以陶器居多。陶器以夹砂陶为主，有少量泥质陶；除个别素面外，其余均饰绳纹，少量兼有刻划、彩绘、镂空及附加堆纹；器类主要有圜底、三足或圈足的罐、釜、壶、钵、碗、杯等。石器有斧、锛、大石铲、碾槽及刀等，以斧、锛居多，斧、锛几乎都有双肩。弄山岩洞葬是目前所见先秦岩洞葬中最早的类型，可看作是广西先秦岩洞葬初始阶段的典型代表。

陶罐

陶釜

三足釜

陶钵

圈足杯

玉玦

弄山岩洞葬出土遗物

## 元龙坡墓群

元龙坡墓群位于南宁市武鸣区马头镇马头村东北方向的元龙坡上。1985 年 3 月，有人在勉岭东的元龙坡挖到 1 个铜盘；10 月初送到南宁市文物管理委员会办公室，工作人员发现这个铜盘在造型和纹饰上都有西周晚期的风格。于是，1985 年底至 1986 年初，南宁市文物管理委员会组成调查组前去发掘，挖出土坑墓 350 座。

元龙坡属大明山西麓丘陵地带，以最高处的顶部为中心，向西、南、东延伸，形成“T”字形岗丘。墓葬分布较为密集，以山顶为中心，向南侧、东侧及西侧坡面散布，形成三个聚集区。墓内填土经过夯打，显得很坚实。山上的树被砍伐后，雨水直接冲刷地面，将周围的原生土冲走，而夯土被留下，形成一个个土台。墓室规模较小，形制简单，以竖穴墓居多，带二层台或侧室者仅 23 座，大多为狭长形。人骨均已腐朽无存，未见明显棺椁葬具。有 54 座墓葬填土和底部发现有漆痕，表明这一时期已经有了漆器生产。

随葬品仅 296 座墓中有发现，数量较少，大部分保存较差，其中能辨认器型者 1000 余件，类别有陶器、铜器、玉器、石器等。

陶器能辨认器型者共 211 件，以夹砂陶为主，大部分器表素面无纹，小部分饰有纹饰。陶器种类不多，器型简单且变化较小，绝大多数为圜底器。这些陶器无论是器型还是纹饰，在武鸣弄山、敢猪等岩洞葬中都能找到相同或相似的器物，表明二者之间关系较为紧密。但深袋腹圜底罐、深斜直腹圈足碗及平底钵仅见于元龙坡，应是元龙坡在此前陶器的基础上发展出的新器型。

铜器共 136 件，其中能辨器型者 107 件，其中刮刀、三角形斜刃钺、三角形匕首、尖叶形镞、圆形器最具当地特色，是这一阶段骆越青铜文化的典型特征。而铜卣、铜钟、铜盘等中原礼器的出现，表明元龙坡和周边地区存在明显的文化交流。

陶碗

陶罐

陶瓮

陶釜

陶钵

元龙坡墓群出土的陶器

矛

匕首

镞

镞

斧

钺

刀

卣

盘

喇叭形器

● 元龙坡墓群出土的铜器

元龙坡墓群是目前骆越活动地域内发掘的年代最早、规模最大的一处青铜文化墓葬群，其年代普遍被认为是西周至春秋时期。从出土遗物特征看，元龙坡出土的陶器及玉石器与岩洞葬之间存在明显的继承和演进关系，是骆越文化特征最为有力的说明。这处隐藏在红土地下的墓葬群，为揭开远古骆越之谜，解读尘封的骆越文化密码，提供了丰富的文物佐证，为认识和把握骆越文化的源流及特征提供了重要的资料，是目前研究骆越文化最为重要的遗址。

## 田东土坑墓

田东是战国土坑墓分布相对集中的区域之一，自 20 世纪 70 年代以来，陆续有战国墓发现。

1977 年 6 月中旬，田东县右江苏维埃纪念馆馆长苏布及带着一件铜矛到广西壮族自治区博物馆，说是该县祥周公社甘莲大队社员欧阳效当挖到的。据欧阳效当说，他于当年 6 月 6 日到锅盖岭放牛，坐在山坡上休息，突然感觉屁股下面有个硬物顶住，爬起来用镰刀挖出后发现原来是一件铜器。他找来锄头向周围挖去，挖出 6 件铜器，并将它们一起送到大队部存放。另一社员韦日辉于同年 6 月 8 日在锅盖岭西面的斜坡上也挖到一坑，有铜器 7 件、玉器 4 件。两人表示要将这些东西捐给国家。民兵营长黄显作把这些东西收集起来并向有关部门报告。后经考古部门现场勘察，出土铜器的地方原是一个大土堆，应是古墓的封土。

锅盖岭出土的青铜兵器

1984年初，林场工人在田东县祥周镇联福村大索屯虎头山挖树坑时发现2件青铜器。随后考古部门进行发掘，共清理了竖穴土坑墓2座。墓葬用原坑土回填，填土中间杂以卵石，经夯打结实，墓底铺一层白沙土，残存有人骨碎块。一座仅随葬一件陶罐，另一座则随葬有铜剑、铜叉、铜矛、铜斧等。

1993年3月，当地村民在祥周镇联福村联合小学门口的南哈坡上立电线杆时发现竖穴土坑墓1座，出土铜鼓2面、铜罍1件，还有铜鐾钉、玉管、玉玦、玉钏等。其中的铜鼓属万家坝型，填补了广西铜鼓类型的空白。

1994 年 6 月，当地村民在位于林逢镇和同村小沙屯附近的大岭坡上作业时发现铜鼓及铜甬钟各 1 件，推测其为墓葬出土。

从发现的情况看，田东发现的战国土坑墓因位于骆越活动地域内，加之在墓葬分布规律及文化面貌方面与独山岩洞葬等骆越墓葬相近而与西瓯活动地域的土坑墓差异较大，因此可以将其视为骆越族群的墓葬。这批墓葬出土的青铜器不仅有来自中原地区的，而且有来自云南地区的，表明这批墓葬与中原及云南地区均存在密切交流，是两种文化在右江中游汇合的写照。

铜鼓

铜罍

南哈坡出土的遗物

铜鼓

铜甬钟

大岭坡出土的遗物

# 礼乐南传

商周时期，随着中原地区进入高度繁荣的青铜时代，不少青铜器也辗转流入广西。这些零星流入的青铜器对广西文明进程产生了较大的影响。一方面，随着青铜器的输入，青铜器制作技术也逐渐传入广西，在客观上促成了广西青铜文化的产生；另一方面，随着青铜器的输入，广西各部族也逐渐受到了中原礼制文化的影响，从而加速了其与中原文明的融合进程。在中原地区及周边地区青铜文化的共同推动下，广西最晚至春秋时期开始，便出现了本土的青铜器铸造技术，从而跨入了青铜时代。

目前发现的具有外来特征的青铜器主要有礼器和兵器两大类，其中礼器的中原文化特征最为鲜明。礼器也称彝器，是商周时期流行于统治阶层的一种礼乐用具，主要用于宗庙祭祀、会盟、宴享、朝聘、婚嫁等礼制活动，在国家统治秩序中起到确立贵贱、区分尊卑的作用。广西目前发现的青铜礼器主要有卣、鼎、鬲、罍、尊、盉、钟、铙、镈几种，除少量为墓葬出土外，其余大多为零星出土。

1974 年 1 月在武鸣马头勉岭出土一件商代铜卣，1985 年在武鸣马头元龙坡墓群发现西周时期铜卣和铜盘各1件，其中铜卣整体造型及纹饰特征与中原西周时期的“告田父乙”卣、“启”卣等基本相似。1971年在恭城嘉会乡秧家街附近的金堆桥发现1座战国早期墓，是目前广西先秦时期出土青铜器最多（30余件）的一座墓葬，有鼎、尊、钟、剑、镞等。其中，鼎、罍、尊等与中原地区出土的西周至春秋时期的器物相同或相似，尤其同江淮地区具有楚地特征的器物较为接近；即便是其中被称为越式鼎的一件小鼎上也有“告”字铭文，很显然是由中原地区输入的。1996年，在贺州市沙田镇马东村北部的龙婆岭上发掘2座土坑墓，出土青铜器6件，其中鼎、罍、钟均为周边地区输入，年代为春秋时期。

零星出土的青铜礼器主要有卣、罍、钟、铙、镈几种，除卣、罍两种食器外，其余均为打击乐器。其中，商代铜卣2件，分别为发现于武鸣勉岭的“天”铭铜卣和发现于兴安的“天父乙”铭铜卣，是目前广西发现的年代最早的中原青铜礼器。西周至春秋时期铜罍3件，分别发现于宾阳县武陵镇廖寨村木荣屯、陆川县乌石镇塘城村、荔浦市荔城镇马蹄塘；铜鬲1件，发现于兴安县北郊的田心砖厂。西周和春秋时期铜钟发现较多，据不完全统计有14件，发现于忻城县大塘中学后背山、横州市镇龙乡那旭村那桑屯、宾阳县古辣镇刘村大北庙及岑溪、北流等地。西周时期铜铙1件，发现于灌阳县灌阳镇仁江村。西周时期铜镈1件，发现于贺州市八步区桂岭镇英民村红军岭。

铜鼎

铜尊

铜钟

铜罍

恭城嘉会乡秧家街战国早期墓出土的青铜礼器

虽然目前尚不清楚这些青铜礼器是如何跨越千山万水传入广西的，但从大部分墓葬出土的青铜礼器的年代都比墓葬的实际年代偏早的情况来看，这些青铜礼器在随墓主下葬之前显然已经经过很长时间甚至是几代人的流传，足见其在墓主心中的地位。尽管目前尚无法确定这些青铜礼器的礼制功能在多大程度上应用于当时广西的部族社会，但是如此众多的青铜礼器在广西发现，表明当时的广西已经明显受到了“钟鸣鼎食”礼乐文化的影响。

## 龙中岩洞墓

龙中岩洞墓位于贺州市八步区沙田镇龙中村红朱岩西南麓半山腰，高出附近地面约 30 米。1991 年 7 月，一个农民在山坡上种了一片花生，花生还没有完全成熟就已被狐狸偷吃，地里一片狼藉。农民决心捉住这只狐狸，便带着猎枪蹲在地边守候。在第三天天亮之前，农民终于看到了狐狸，正要瞄准射击时，狐狸撒腿就往山上跑。农民一路追去，追到山洞前狐狸不见了踪影。山洞口被大石封堵，农民回村拿工具，招集多人一起来撬石头。撬开石头以后，见洞口狭窄，只能容一人爬进去。农民打着手电筒爬了进去，看到洞底有一层厚厚的淤泥，“狐狸”蹲在洞底。农民举起木棍敲下去，但“狐狸”却一动也不动，仔细一看，原来是一件青铜神兽尊，旁边还摆放着牛纹铜鼓、蟠螭纹铜罍、铜鼎、席纹陶罍、螺纹青瓷擂钵等。

龙中岩洞葬随葬铜器主要为生产生活用具，未见铜兵器。其中，铜牺尊、铜兽首盉、蟠螭纹铜罍、铜箕形器、“凤”字形铜钺、牛纹铜鼓等具有北方文化与本土文化融合的特征，说明了龙中岩洞葬不仅和中原地区关系密切，而且和西南地区也存在一定的文化交流。如铜牺尊，形象诡异，为“四不像”的形状，器型和纹饰均受中原文化影响，但体形硕大矮壮，盖面浮雕盘蛇及尾部饰龙均属罕见，表现了浓郁的越文化特征，是中原华夏文化和岭南百越文化相互交融的产物，说明商周青铜文化的余韵在百越地区尚未绝响。因为兽首上生出长颈鹿式的角，所以称它为“麒麟尊”。此器的形象或为古人理解麒麟的一种模式。此铜牺尊曾于 1995 年、2004 年走出国门，到挪威、法国展出；2012 年被国家博物馆借展，现仍在国家博物馆展出。铜牺尊在中原地区较为常见，但岭南地区仅此一例，且器型特征也是中原此前所未见。铜盉的造型和纹饰则与上海博物馆收藏的吴王夫差盉相似。

铜兽首盉

蟠螭纹铜罍

铜牺尊

● 贺州龙中岩洞葬出土的青铜器

# 越风西渐

进入先秦后，桂东北至桂东南一带的广西东部地区逐步开启了由绳纹陶文化向几何印纹硬陶文化的演变进程，形成了具有明显百越文化特征的西瓯文化。从考古发现来看，这一进程在战国以前相对缓慢，但到战国时期却突然加速，至战国晚期，已完全纳入几何印纹硬陶文化的分布范围。这一进程的加速，极有可能与楚灭越后越人的大量南迁有关。从广西战国墓葬出土的瓮、罐、鼎、盒、杯等陶器来看，与江浙至华南一带百越墓葬出土的同类器物较为相似，其中部分器物在江浙一带的越墓中甚至能够找到几乎完全一致的器型，显示出较为明显的亲缘关系。种种迹象表明，具有明显百越文化特征的西瓯文化，正是在百越文化对岭南地区长期持续影响下伴随着越人的南迁而加速形成的。

目前广西发现的与西瓯相关的遗存主要属战国时期，战国以前除各地采集的一些零星陶片外，基本未见明显的遗存，说明西瓯文化作为一种外来文化，形成时间相对较晚。这一时期的遗存主要为墓葬，有平乐银山岭战国墓、武鸣安等秧战国墓等。这些墓群随葬陶器的现象较为普遍，且陶器风格特征与苏、浙、闽、粤等百越地区出土的陶器基本一致。此类陶器器型及纹饰绝大部分被后来的南越国所继承，形成了以越文化为基础、兼具汉文化特征和越文化融合特征的南越文化。

## 银山岭墓群

平乐县张家镇燕水村的银山岭地处五岭山脉都庞岭的南侧、古代跨越五岭山脉的重要通道之一的湘桂走廊东侧，其西北麓是锰矿开采区。自 1958 年以来，采矿民工不断发现青铜兵器、陶器和铁器。1974 年 6 月，广西壮族自治区文物工作队派人前去调查，发现这是一处战国至汉代的墓葬群，随即组织正式发掘，共发现战国墓 110 座、汉墓 45 座、晋墓 1 座；出土器物总数达 1044 件，其中陶器 377 件、铁器 181 件、铜铁合制器 11 件、玉石器 115 件。战国墓均为长方形竖穴土坑墓，墓室规模较小，形制简单，有 87 座墓底部设有腰坑，其中 79 座墓的腰坑内放置 1 件陶器，以陶盒最为普遍。随葬品多寡不一，最多的有四五十件，最少的只有一两件。平乐银山岭墓群是西瓯族群墓地，其中的铜扁茎短剑、双肩铲形钺、竹叶形刮刀和盘口鼎等均具有明显的西瓯文化特征。

公元前 221 年，秦始皇在统一中原六国之后，派五十万大军分五路进攻岭南。其中，一路经萌渚岭入贺州，一路经越城岭趋桂林，水陆兼进，在桂江流域与百越中的西瓯部族遭遇。这场战争相持了六七年之久。公元前 214 年，秦平定岭南，在岭南设立桂林、南海、象三郡。对这样一场惊心动魄的战争，银山岭战国墓出土的两件带铭文的青铜兵器——“江鱼”戈和“孱陵”矛，是很好的物证。

“江鱼”戈是典型的战国晚期的器物。一面有“江”“鱼”二字，应是戈的置用地名。据考证，“江”在今河南省东南部，“鱼”在今重庆市奉节县的白帝城。这两个地方在战国时期都归属楚国，后来又都被秦国占去，铜戈铭文应是战国末期秦军驻守这两地时所刻。另一面由于使用过程中被磨蚀，仅能看出“廿八年”三字，如果这是秦始皇纪年的话，那就是公元前219年，即秦始皇统一中原后的第二年，正是秦向岭南大举用兵的时候。

“孱陵”矛形状和陕西秦都咸阳故城、临潼秦始皇陵附近的

“江鱼”戈

“孱陵”矛

银山岭墓群出土的遗物

兵马俑坑等出土的秦矛十分相似。矛筒上接近叶部刻有“孱陵”二字，是典型的秦篆。“孱陵”也是古地名，当为今湖北公安县南一带，战国晚期属秦，矛刻上孱陵地名的时间应是秦军占领该地之后。秦军在战国末年四处征战，流动性很大，驻守江、鱼、孱陵的将士转战到百越战场上来是很自然的事。平乐银山岭是西瓯部族的墓地，其附近必然聚居着不少西瓯人。从萌渚岭和越城岭进入广西的秦军，同百越武装相对峙的地带也应在这附近。从形制来看，这两件带铭文的铜兵器明显和当地的其他铜兵器不同，肯定不是本地铸造的；从铭文来看，又是楚国的地名，显然是秦军从楚地带到岭南战场上来的，因而它们就是秦开五岭的历史见证。

银山岭墓中出土的刮刀应是当时劈麻、刮麻或剖竹、刮篾用的工具。这种刮刀的分布范围包括两广地区、两湖地区，但岭南最多，应是岭南越人文化具有代表性的一种生产工具。两湖地区墓葬中发现的刮刀，应是从岭南传过去的。岭南盛产竹类，因而以竹篾编织竹器的历史很悠久。战国时期专用于破削竹篾的青铜刀或铁质刀等削类工具的发现，表明在先秦时期已出现竹篾编织。

从出土器物来看，银山岭出土的陶器与广泛分布于江浙至华南一带的几何印纹硬陶较为一致，但设置腰坑的习俗却又与闽、浙等百越地区的墓葬有所区别，而这一习俗在桂东地区的贺州高屋背岭、灵川七星坡、岑溪花果山等地均有发现，学术界一般把腰坑作为西瓯墓葬的典型特征之一。尽管目前学术界对其年代还存在属于战国和南越国时期两种不同看法，但是对于其属西瓯族群墓地的认识却是较为一致的。

铜刮刀

铁刮刀

● 银山岭墓群出土的刮刀

● 银山岭墓群出土的陶器

## 安等秧墓群

在武鸣马头镇元龙坡西南，距离元龙坡墓群仅300米左右，有一座高出附近地面约200米的小土岭，当地壮话汉译音称为“安等秧”。当地村民多次在此坡地上采集到青铜矛、剑等物。1985年10月，考古工作者在调查元龙坡时，由村民提供线索，发现了这处墓群。由于坡地水土流失和人们开垦种植，大部分墓坑受到破坏，考古工作者当即决定对这处墓群进行抢救性发掘，清理出土坑墓86座、方形土坑12个。墓葬均为长方形竖穴土坑墓，规模均较小，形制简单，随葬品较少。出土随葬器物200余件，有陶器、铜器、玉器等。陶器以硬陶居多，纹饰有弦纹、水波纹、方格纹、米字纹。青铜器有斧、剑、矛、刮刀、钺、镞、镯、带钩、铃等。

从所处位置来看，安等秧墓群虽处于骆越活动范围之内，但整体文化面貌更接近西瓯而非骆越。其族属性质大致存在西瓯和被西瓯同化的骆越这两种可能。

纵观广西历史文明进程，本土原始文化逐步“越化”再到“汉越融合”的脉络是基本清晰的，而这种演进在物质文化方面表现得尤为明显。进入先秦以后，本土原始文化的分化开始加剧，桂东地区更多地接受以几何印纹硬陶为特征的越文化的影响，自东向西逐步开启了本土原始文化的“越化”进程，而这一进程是以越文化的逐步向西推进和本土原始文化不断被挤压融合为结果的。元龙坡墓群的原始夹砂绳纹软陶向安等秧墓地的几何印纹硬

双耳罐

米字纹罐

方格纹罐

碗

钵

杯

安等秧墓群出土的陶器

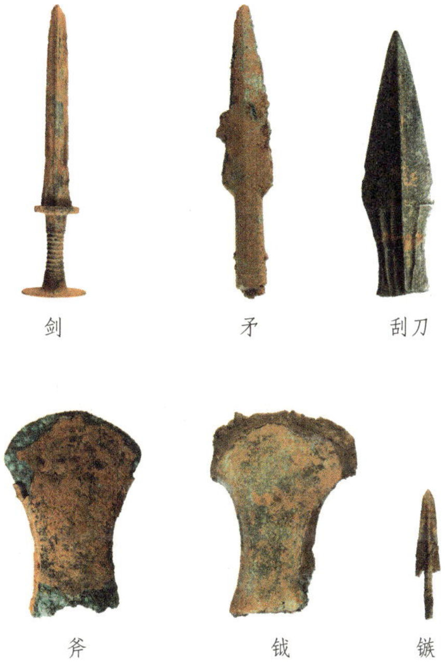


安等秧墓群出土的青铜兵器

陶的转变，可能正是具有本土明显原生文化特征的骆越文化融入百越文化体系的反映。而安等秧出土陶器以几何印纹硬陶为主，无论是胎质还是器型、纹饰，均与元龙坡出土陶器存在明显的差异。陶器在桂东地区的西瓯墓葬中均能找到几乎完全一样的器型，说明在战国晚期具有明显百越文化特征的几何印纹硬陶文化已经自东向西推进到武鸣河流域一带。

# 多元一体

——秦汉至明清时期

公元前214年，秦始皇统一岭南，置桂林、南海、象三郡，广西在行政地理上正式纳入中原王朝版图，在政治、经济、文化上正式融入中原文明体系。此后虽然经历秦末以来南越国近百年的割据，但在南越王赵佗依托“中国人相辅”“和辑百越”政策的推动下，包括广西在内的岭南地区汉风日盛，民族融合进一步加强，形成了兼具汉越文化因素的南越文化，为汉武帝的再次统一打下了坚实的文化基础。随着汉元鼎六年（公元前111年）汉武帝平定南越后的最终统一，广西各族群文化与汉文化不断融合，最迟到西汉晚期，西瓯主体率先完成了与汉文化的融合，从此消失于历史文献中；东汉晚期，骆越主体亦因融入汉文化体系而逐步淡出了人们的视野，而一些边缘地区的西瓯族群和骆越族群，由于受地理的阻隔，受汉文化的影响相对较小，其生产生活方式基本沿着本土文化的传统道路缓慢前行，并在族群的不断分化重组过程中逐渐形成了乌浒、俚、僚等族群。在经过六朝时期的大开发后，广西东部地区的乌浒、俚、僚等族群主体逐步融入了汉文化体系，广西西部地区则在漫长的发展融合过程中逐步发展了今天的壮、侗、仡佬等民族。这一时期的遗存主要有城址、墓葬、窑址、冶炼遗址、道路、水利设施、岩画、寺观摩崖造像、石刻碑刻、古建筑等，这些遗存较为全面地展示了秦汉以来广西的文明轨迹及文明成果。

# 筑土成城

城池是人类社会发展到一定阶段的产物，是人类进入文明时代的重要标志之一。

广西城池的普遍出现始于秦汉，是应中原王朝军事行政的需要伴随着郡县的推行而产生的。

经过多年的考古调查及发掘研究，广西有多处城址的年代和性质基本得到确认，成为今天确定各地最早建置沿革的历史见证。

## 秦城遗址

秦城遗址地处兴安县城西南部，遗迹尚存，自严关以南、白竹铺以下，至灵河口之间，东临灵渠，西接大溶江，有马家渡、七里圩、通济村、水街四处。其中，七里圩保存最完整，是一座方形土城，四周有城垣，城外有城壕和外城墙残垣，当地老百姓称此城为“王城”。通济村和太和堡村之间的一处遗址亦呈长方形，东北至西南走向，桂黄公路（桂林至全州黄沙河）从南向北穿过城的西侧。城东部和西部分别紧临灵渠和大溶江。北、南、东三面城墙保存较好，西城墙由于修筑公路和水渠已被毁。城外也有城壕和外城墙围护。秦城筑在灵渠与大溶江之间，既说明秦军戍守岭南要靠灵渠作运输渠道，也说明秦汉统治者对灵渠战略地位的重视。

传说，秦城是秦戍五岭时所筑。汉初南越国与吕后交恶时，南越王赵佗曾派兵驻守此地，与邻近的长沙国对抗，故又称“越城”。西汉伏波将军路博德平南越，东汉伏波将军马援征交趾，都曾在此驻军。唐光化年间，楚王马殷引兵取桂州（今桂林），静海帅刘士政遣将王建武屯兵秦城，即在此地。此地处于岭南通往中原地区的咽喉要道，扼湘桂走廊要冲，军事战略地位十分重要，历来为兵家必争之地。

但是在宋代以前并没有“秦城”之名，南北朝《水经注》和唐朝《元和郡县图志》都称它为“越城”，宋代及以后才称它为“秦城”。北宋诗人曹辅、南宋诗人张孝祥都作有《古秦城》诗。南宋诗人刘克庄作有《秦城》诗：“缺甓残砖无处寻，当年筑此虑尤深。君王自向沙丘死，何必区区戍桂林？”说明南宋时秦城早已荒芜。南宋地理学家周去非在《岭外代答》中对其地理位置及形胜有较详细记载：“湘水之南，灵渠之口，大融江、小融江之间，有遗堞存焉，名曰秦城……此秦城之遗迹也。形势之险，襟喉之会，水草之美，风气之佳，真宿兵之地。据此要地，以临南方。水已出渠，自是可以方舟而下；陆苟出关，自是可以成列而驰。进有建瓴之利势，退有重险之可蟠，宜百粤之君，委命下吏也。”

1947年，广西省文献委员会调查发现，城基北起灵渠纡折之马家渡口南岸，南达灵渠出口与大溶江汇流处之水街屯旁，即在灵渠与大溶江两水合流之大三角洲上，分别于1990年11月、1991年11月、1993年10月、1996年10—12月共进行了四次发掘。经过这些勘探和发掘，挖出许多陶制、铜制、铁制生活用具，还有生产工具、兵器和建筑材料。从城址地表散布大量的板瓦、筒瓦残片和在城内出土饰有精美图案的瓦当、铺地砖来看，七里圩王城不是一般的民用建筑。高大的城墙，宽而深的城壕，以及角楼、马面、单城门的设置，透露着军事防御的气息。出土的铜

陶瓮

陶豆

云纹瓦当

筒瓦

通济村古城出土的遗物

器、铁器有矛、镞等兵器，还有大量投掷用的陶球，都说明这座王城是一座军事色彩较浓的古城，也可能是一座军政合一的重要城堡。从出土遗物判断城址始建于西汉中期，东汉时进行过一次加筑，魏晋时期废弃，推测其为汉代始安县故址。

七里圩王城可以说只是秦城遗址的冰山一角，无法反映其全貌。从地面调查情况可知，通济村古城建城年份可能更早。通济村古城东边紧挨灵渠有一处较低的城门或码头，可能是最早的城址所在。1983 年发掘石马坪汉墓群时，在石榴江畲地发掘到一座长方形竖穴土坑墓，随葬附耳球形鼎、覆钵形盖圜底盒、长颈圆腹圜底壶等软陶器，有楚墓的遗风，疑是秦墓，可以作为秦城存在的佐证。

秦城是目前发现的秦汉城址中年代最早的一处，作为湘桂走廊要道的重要据点，其在保障灵渠畅通、促进南北文化交流及维护国家统一方面都曾发挥非常重要的作用。秦城作为灵渠的重要组成部分，对灵渠入选世界灌溉工程遗产具有无可替代的价值。

石榴江出土的软陶附耳球形鼎

## 草鞋村遗址

草鞋村遗址位于合浦县城西郊的草鞋村西侧的一座小岭上。遗址发现于20世纪80年代，2007—2012年进行了多次考古发掘及勘探。从调查勘探情况来看，城址平面近长方形，由城墙和城壕两部分合围而成。由于城址破坏较为严重，加之工作范围有限，整体结构布局及范围并不十分清晰。城内文化层堆积及遗存均较为丰富，遗迹主要有沟渠、水井、作坊坑、建筑基址等；遗物有建筑材料和陶器，建筑材料主要有筒瓦、板瓦、瓦当三大类，陶器有双耳罐、四耳罐、三足盒、支座、陶拍、网坠等，年代从西汉前期延续至晋代。

草鞋村遗址应为两汉时期的合浦郡及三国两晋时期的珠官郡郡治之所在。据历史文献记载，合浦郡及合浦县为元鼎六年（公元前111年）汉武帝灭南越后新设的郡县，但从遗址出土的表面饰绳纹、里面饰乳钉纹的板瓦，以及云纹瓦当、三足盒、戳刺纹的器盖和部分罐、碗、钵等器物来看，其特征与广州南越国宫署遗址出土同类器物基本一致，而且在遗址东南面的文昌塔一带也曾发现过不少属于南越国时期的墓葬。通过遗址与墓葬两相对照，说明在汉武帝设合浦郡之前，草鞋村一带可能就已经存在未被文献记载的行政建制。

据历史文献记载，今合浦古为廉州郡城，当时的居民习惯以西门江水作日常生活之用，廉州老城区内有大量的“担水巷”就可说明。但是直接饮用江水是不卫生的，宋代诗人苏东坡旅居廉

云纹瓦当

筒瓦

板瓦

陶三足盒

陶罐

草鞋村遗址出土的遗物

州期间，为改变郡城居民直接饮用西门江水的习惯，曾带领民众打井取水。传说苏东坡在他居住的院落内打了一口水井，这口井就是留存至今的“东坡井”。

草鞋村遗址不仅是汉代合浦郡的郡治所在地，而且也是汉代连通内陆、扬帆远航的重要港口，其发现对于合浦海上丝绸之路申遗及其相关问题的研究具有非常重要的价值。

## 贵城遗址

贵城遗址位于贵港市老城区的人民路一带，自 2008 年发现以来对该遗址进行了三次考古发掘。在历次发掘中，不仅发现了秦汉时期的城壕及唐宋至明清时期的城墙等与城址相关的遗迹，还出现了大量秦汉至明清时期的其他遗迹、遗物，表明贵城遗址自秦汉以来一直延续不断，是包括秦桂林郡、汉至六朝时期的郁林郡、唐宋元时期的贵州及明清时期的贵县在内的贵港历代郡、州、县故址之所在。

由于该城址古今重叠，受人类活动影响较为频繁，各时期的城墙、城壕等残存基址要么被破坏，要么被填埋于地下，其布局演变尚待今后加以考究。但其出土遗物较为丰富，无论是建筑材料还是陶瓷器，不仅系列完整，而且演变关系清晰，为构建广西秦汉以来的物质文化史提供了最为完整的资料。以瓦当为例，可见其清晰的演变关系：秦及西汉瓦当以红褐色为主，器体宽扁大气，当沿较平，当心乳突较矮，纹饰有云树纹、云纹、万岁等；东汉瓦当以青灰色为主，器体局促，当沿变高，当心较突出，纹饰有云纹、云树纹、四叶纹、几何纹等，边缘出现锯齿纹；六朝瓦当发现的较少，纹饰仅一种且为贵城所独有；唐朝瓦当以青灰色为主，纹饰均为莲花纹；宋朝瓦当除少量莲花纹外，大多为菊瓣纹、兽面纹；元代瓦当以近三角形为主，纹饰主要为花卉纹。

贵港作为秦桂林郡及汉至六朝时期郁林郡郡治所在地，是广

东汉水井

唐朝水井

汉、唐、宋朝瓦当

西汉筒瓦

东汉筒瓦

● 贵城遗址的遗迹遗物

西纳入中原文明体系的初郡之地，在相当长的一段时期内作为广西政治经济及文化中心之一，对广西历史文化的发展起到非常重要的推动作用。该城址作为广西年代较早、延续使用时间最久的一处古城址，对探讨广西行政地理的变迁、构建广西物质文化发展演变史均具有非常重要的作用。

## 百银城址

百银城址位于田东县祥周镇百银村上寨屯西面的右江北岸台地上，城址平面呈梯形，除南面未见城墙及城壕外，其余三面均保留有城墙及城壕，其中北面和东面城壕保存相对较好。南面为自然形成的一个断坎，当时可能直接被利用来代替城墙作为城防工事。城内文化堆积均为两宋时期的，包含大量布纹瓦片及陶瓷器，瓷器来源较为广泛，既有大量来自广西东部地区的青白瓷，也有不少来自浙江、江西、福建等地的瓷器。

百银城址是目前在右江流域发现的年代最早、规模最大的一处古城址，应为宋朝时在右江流域设置的横山寨故址。据文献记载，横山寨设置于北宋初期，辖右江诸羁縻州、峒，皇祐年间，曾被侬智高攻破。南宋高宗绍兴三年（1133 年），置司市马于横山寨，并置博易场与西南各民族进行贸易，每年交易良马几千匹。伴随着马匹贸易的兴起，其他货物贸易亦随之兴起。《岭外代答》记载："蛮马之来，他货亦至。蛮之所赍，麝香、胡羊、长鸣鸡、披毡、云南刀及诸药物。吾商贾所赍，锦缯、豹皮、文书及诸奇

青白瓷葵口碗

龙泉窑莲瓣青瓷碗

景德镇窑青白瓷杯

景德镇窑青白瓷碗

● 百银城址出土的青白瓷器

巧之物。于是译者平价交市。招马官乃私置场于家，尽揽蛮市而轻其征，其入官场者，什才一二耳。”宝祐六年（1258 年），蒙古大军绕道西南包抄南宋，兀良合台率军沿右江东下，攻破横山寨，一代名城自此荒废。

# 事死如生

墓葬是人类灵魂观念的一种物质化表现。作为人类物质和精神文明最重要的载体之一，墓葬因其庞大的数量、丰富的信息，在研究古代社会中具有极其重要的作用。

秦汉以来，随着广西纳入中原王朝版图，广西的丧葬文化亦普遍融入中原丧葬文化体系。在大一统背景下，广西的丧葬文化在整体上和中原地区保持同步。无论是汉代厚葬的兴盛，还是魏晋薄葬的兴起；无论是两晋时期汉制向晋制的转变，还是南朝时期厚葬风气的回潮；无论是宋元时期纸扎明器的流行，还是明代陵寝的再现，无不与当时统治者的指导思想及社会习俗相一致，反映出丧葬观念上的大一统特征。但由于受自身传统习俗的影响，一些固有的丧葬习俗也得以延续下来，如岩洞葬就一直流传至今。而在明清时期，还出现了与中原迥异的拣骨二次葬。

## 贵港汉墓群

贵港汉墓群位于贵港市港北区，南起郁江北岸，北至七里江桥。由原贵县糖厂东侧起，沿风流岭、大公塘经旧机场至罗泊湾、南陡村和铁路桥，在这一东西长 7.5 千米、南北宽 2.5 千米的狭长地带散布着数以千计的古墓。这些古墓有的有高大的封土堆，突出于地面，像一座座土岭，被当地老百姓分别称为风流岭、马鞍岭、汶井岭、深钉岭、孔屋岭、三堆岭、大坡岭、二坡岭。有的封土堆已经被野草淹没，在地面上看不到痕迹，地下的墓室只有在生产建设动土作业时才会被发现。自 1954 年配合修筑从黎塘至湛江的铁路起，历年都对贵港汉墓进行抢救性发掘。1954—1956 年，发掘 200 多座汉墓；修建贵县糖厂铁路、达开公路、贵县高中校舍时，又发掘 200 多座汉墓；1978 年 5 月，贵县水电设备厂、贵县煤建公司、广西二七三地质队等单位在黎湛铁路两侧破土兴建厂房、宿舍、学校，又发现许多汉墓，清理发掘 19 座；1991 年 1—10 月，配合南梧二级公路工程建设又抢救性发掘 48 座汉墓。此外，还有其他零星发掘，至 2005 年底已累计发掘 500 余座汉墓，出土文物 10000 余件，为研究广西乃至整个岭南地区的汉代物质文化提供了丰富的资料。

贵港汉墓群中以罗泊湾汉墓最震撼人心，其作为目前在广西发掘的规模最大的墓葬，在全国已发掘汉墓中占有相当重要的地位。罗泊湾汉墓出土了大量的器物，器类有陶、铜、铁、金、银、玉、石、琉璃、漆、木等，从炊厨器皿到餐饮用具，从文房用品到礼器乐器，从随身配饰到梳妆用品，从耕田器具到纺轮纺车，从车马配件到刀剑盾牌，从医药针灸工具到植物种实，堪称一座丰富绝伦的地下宝库。其中，大量的青铜器在出土时大多完整如新，至今仍是广西绝无仅有的文物珍品。

在出土的青铜器中，除少数器物如铜鼓、羊角钮钟、漆绘铜筒为岭南或西南地区特有器物外，其余绝大部分来自中原地区。这些器物不仅侧面反映了墓主人的身份、地位应为南越国时期桂林郡的某任郡守或郡尉，而且说明了当时南北经济、文化的交流与融合。

墓中出土的铜九枝灯，形似扶桑树，有三层共九条枝杈，每枝承托桑叶形灯盏一个。主干顶端平置一只展翅飞翔的金乌。干、枝、叶、金乌各个部件分开铸造，打磨光洁，通过预制的榫卯套合在一起，不用时可以拆卸分装，极为方便。《山海经·海外东经》记载：“汤谷上有扶桑，十日所浴……九日居下枝，一日居上枝。”《山海经·大荒东经》曰：“汤谷上有扶木，一日方至，一日方出，皆载于乌。”意思是说，东方大海上日出的地方长着一棵扶桑树，是十个太阳栖息的地方。十个太阳轮流到天空值班，一

羽人划船纹铜鼓

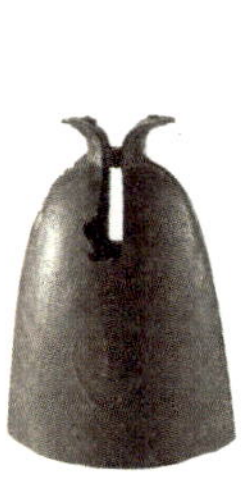

人面纹羊角钮钟

漆绘铜筒

罗泊湾汉墓出土的岭南或西南地区特有器物

个太阳从东方升起，运行一天，从西方落下，在扶桑树上休息，值班的太阳由一只金乌运送。此灯正是根据这个神话传说而设计出来的。汉代的高级铜灯多为官府手工作坊所监造，少府属官考工令、尚方令中的尚方都有铸造。此灯很可能也是官府手工作坊的产品，并从中原输入岭南。

墓中写有墨书文字的木牍和木简是广西考古的新发现，其中保存完整的《从器志》木牍，共372字，字体为秦汉之际通行的略带篆书笔意的隶书，内容是随葬器物清单，记载了器物名称、质量、数量，可以与出土实物相印证。木牍的字体清晰秀丽，书

扶桑树形灯

《从器志》木牍

罗泊湾汉墓出土的遗物

法工整，是不可多得的书法艺术品。说明自秦统一岭南后，统一的文字获得了广泛的推行。

## 合浦汉墓群

合浦不仅是汉代合浦郡郡治所在地，也是汉代海上丝绸之路的重要商贸港口，是当时岭南地区较为繁荣的富庶之地。县城周边有较为密集的古墓葬分布，据20世纪80年代调查统计，仅地面保留封土堆者就有1200余座，无封土或封土被破坏者更是不计其数，推测总数不下万座。自20世纪50年代以来，合浦历年发掘的古墓葬已超过1000座，以望牛岭、风门岭、堂排、凸鬼岭、九只岭、黄泥岗、寮尾等地最为集中，其中不少为大型墓葬。从望牛岭1号墓出土的“九真府”陶提桶、堂排1号墓出土的“劳邑执封”蛇钮琥珀印、黄泥岗1号墓出土的“徐闻令印”滑石印及部分墓葬配置象征身份等级的“外藏椁”来看，部分墓主的身份可能为郡守或县令一类的地方行政长官，而且“九真”“徐闻”“劳邑”均不在今合浦，表明部分墓葬可能是墓主卸职后居住在合浦或死后归葬合浦的，说明合浦在汉代已经成为岭南地区较为理想的宜居之地。

在已发掘的大型墓葬中，最为引人注目的当属1971年发掘的望牛岭1号墓。该墓规模宏大，发掘前地面保留有高达5米、底径40米的封土堆，墓葬全长25.8米，最宽处达14米，深达8.8米，由墓道、甬道、耳室、墓室四个部分组成，形制与广州南越王墓较为相似。其中南、北两个耳室显然是分别象征“厨”和“厩”的“外藏椁”，显示墓主身份等级较高，推测为当时的九真太守。“外藏椁”一词最早见于《汉书·霍光传》，当时权倾朝野的辅政大臣霍光死后，汉宣帝给予的赏赐中就有“梓宫、便房、黄肠题凑各一具，枞木外藏椁十五具”。

墓中随葬品较为丰富，有青铜器、漆器和玉石器等。部分青铜器表面装饰有精细繁缛的錾刻花纹，不仅种类繁多，而且工艺水平较高。其中铜凤灯、铜仓、铜龙首魁、铜三足盘等都是难得一见的精品，曾在 1973 年随“中华人民共和国出土文物展览”到过日本、罗马尼亚、南斯拉夫、墨西哥、荷兰、比利时等国展出，观众达上百万人次。尤其是铜凤灯，不仅造型优美，结构精巧，还极具环保意识。凤凰背部留一圆孔，平置一只带长柄的灯盘。凤凰颈向后伸高弯转，由两条套管衔接，可自由转动和拆装。凤嘴张开，衔喇叭形灯罩，正对灯盘上方。腹腔内空，可以贮水。当灯盘中的蜡烛点燃时，烟灰经过灯罩纳入颈管，再由颈管转入腹腔，溶入水中。这种设计能防止烛烟污染空气，保持室内清洁卫生。中国劳动人民早在 2000 多年前就已经考虑到既要照明又要避免烟尘污染的问题，从而制作出如此精妙的消烟灯具，实在难能可贵。

2020 年，为配合望牛岭汉墓的展示，广西文物保护与考古研究所再次对望牛岭 1 号汉墓残留封土进行清理，在残存封土堆下发现了与 1 号墓同坟合葬的 2 号墓以及 15 座与 1 号墓、2 号墓关系较为密切的墓葬。这些墓葬的发现不但续写了望牛岭 1 号墓的

“九真府”陶提桶

铜凤灯

铜仓

铜龙首魁

铜三足盘

望牛岭1号墓出土的文物

辉煌，而且为合浦汉墓的发展演变及相关问题的研究提供了更为丰富的资料。

## 普驮句町王墓

西林位于广西西北部的滇、黔、桂结合处，属云贵高原的东麓。其地山高林密，路险流急，在一般人看来，应是人类开发较晚的地区。奇怪的是，1969 年冬在修筑百色至八达的公路时，在西林县八达公社普合大队普驮屯附近挖出一座埋葬着鎏金的铜棺材的古墓。铜棺极为华丽，棺内放置大量随葬品。由于当地信息较为闭塞，铜棺发现两年后才被文物部门知晓，不仅随葬品早已散失，就连被人为砸毁的铜棺残片也在 1970 年被县农机场熔作铜料，造成了无法挽回的损失。

1972 年在这个地方开辟晒谷场时，又挖出一座用四个铜鼓互相套合作葬具的古墓。这两座古墓经有关专家鉴定，都是距今 2000 多年的汉代墓葬。铜鼓墓中有大量的陪葬品，其中包括制作精致的骑马俑、羊角钮钟、六博俑、六博棋盘等铜器，还有各种铜牌饰和不少的玉石、玛瑙串珠。这些意想不到的重大发现，立即引起了考古学界和民族学界专家、学者的极大兴趣，争相探索这崇山峻岭之间的历史奥秘。

西林虽地处偏僻，但从出土遗物来看，这两座墓的墓主人身份等级均较高。根据文献记载，西林一带为汉代句町族群的活动地域，“句町”应为司马迁笔下“君长以什数”的西南夷中的一支，但在《史记·西南夷列传》中却并未被提及，说明当时句町的势力在西汉早期尚非常有限。在汉武帝设牂牁郡后，“句町”一词才以“句町县”的身份首次出现于正史记载中。至汉昭帝时，

骑马俑

羊角钮钟

六博棋盘

六博俑

铜鼓墓中出土的铜器

句町部族因协助平定姑增、叶榆等西南部族的反叛，其首领才被封为“句町王”。王莽篡汉后，贬句町王为侯，句町势力受到了极大的削弱，在东汉建立后便逐渐淡出了中原王朝的视野。

铜鼓墓年代大致为西汉晚期，墓葬所处位置与其时代都与文献记载的句町族群对应，推测应为汉代句町王墓。墓葬出土遗物特征表明，句町虽地处西南一隅，但却深受汉文化的影响。除铜鼓、羊角钮钟、小铜铃等少数西南本土器物外，以骑马俑、六博棋盘、对弈俑等汉式器物为主，甚至还发现了中原贵族使用的“珠襦”殓服，表明句町族群不仅在政治上与中原王朝联系较为紧密，而且在日常生活娱乐、丧葬礼俗方面也深受汉文化的影响。

## 靖江王陵

靖江王陵是明代靖江王的陵墓，位于桂林市东郊尧山西麓。自明洪武三年（1370 年）明太祖朱元璋封其侄孙朱守谦为靖江王始，至清顺治七年（1650 年）末代靖江王朱亨歅殉止，前后 11 世共 14 位靖江王，有 11 位均葬于此，在方圆 100 余平方千米内形成了庞大的墓群。墓葬等级分明、序列齐全，是我国现存最大、保存最完好的明代藩王墓群，素有“岭南第一陵”之称。

靖江王陵布局呈长方形，陵园大多呈“回”字形。以神道为中轴，一般由围墙、门、厢房、石像生、享堂、墓冢等部分组成。以石像生保存最为完整，石像均两两成对，依次排列于

安肃王陵全景

神道两侧。王陵的石刻仪仗的规制、雕刻技法、艺术风格都非常有特色。

历年来靖江王陵发掘出土了大量青花梅瓶，仅桂林博物馆就收藏有300余件，这些梅瓶无论是数量还是造型艺术，均为全国之冠。其与靖江王陵神道石刻艺术一起构成了靖江王陵的两大艺术特色，是研究明代藩王陵墓制度及明代桂林政治经济文化最为重要的资料。

庄简王陵及王陵外神道两侧的石像生

# 土火结晶

陶器的出现，是人类利用自然物进行的崭新创造，是人类取得的划时代文明成果之一。

广西陶器出现时间较早，在桂林甑皮岩遗址发现了距今12000年的陶片。秦汉时期是广西制陶业的巅峰时期，不仅日用陶器种类丰富，而且出现了砖瓦等建筑材料及随葬用陶质明器。至东汉前期，部分陶器的施釉水平及烧制火候已经与瓷器较为接近，最迟到东汉后期，真正的瓷器出现。六朝时期，北方战乱，大批士庶避乱南迁，为包括广西在内的南方地区带来了大量的手工业者及先进的生产技术，极大地促进了陶瓷生产技术的发展，瓷器逐渐取代陶器成为日常生活中的主要器具。隋唐时期，广西瓷业技术蓬勃发展，不仅桂林地区出现烧制佛像的窑址，而且在北部湾沿岸还出现了大量具有外销性质的瓷器生产。宋代是广西瓷业发展的巅峰时期。随着商品经济的繁荣和海外贸易的兴盛，广西的瓷业迎来了黄金机遇，一跃成为瓷器的重要产区。元代随着蒙古大军南下，广西的手工业受到严重破坏，青白瓷窑全部停烧，青瓷窑址亦大幅减少。明清时期，广西的制瓷业更趋衰落，主要以满足当地需求的日用品为主。

## 桂州窑址

桂州窑址位于桂林市雁山区柘木镇窑头村，分布面积约2平方千米。桂林窑址于1965年发现，有10余座窑炉，1988年对其中的3座进行抢救性发掘。

1号窑烧造年代为南朝末至唐初，采用斜坡式龙窑与马蹄窑相结合的构筑方式。产品主要有碗、杯、碟等日用器皿及筒瓦、板瓦、瓦当等建筑构件，另外还发现有少量武士像。2号窑烧造年代为北宋早中期，为无明显分室的斜坡式龙窑。产品以碗、罐、泡菜坛等日用器皿为主，兼烧多角魂坛及堆塑纹魂瓶等丧葬明器。3号窑叠压在2号窑下，烧造年代为唐代中晚期，窑炉为斜坡式阶梯形多室结构，具有早期龙窑的某些特征。产品有盘、钵、盂等日用器具，金翅鸟、瓦当、板瓦等建筑构件，以及佛像、弟子像、莲座、武士像等佛教用品。3号窑佛像、弟子像的烧制以及大量被誉为佛门圣花的莲花纹的出现，反映出这一时期桂林佛教的兴盛。

桂州窑延续时间相对较长，大致创烧于南朝晚期，盛于隋唐，衰于北宋。早期技术与湖南湘阴窑联系较为紧密，对于桂林地区的陶瓷烧造史、佛教艺术史及瓷业交流史的研究均提供了较为重要的资料。

金翅鸟

瓷灯

佛像

武士像

● 桂州窑址出土的唐代瓷器

## 窑田岭窑址

窑田岭窑址是广西在宋代规模最大、产品最为精美的青瓷窑址之一，位于永福县永福镇方家寨至广福乡龙溪村之间的洛清江两岸的坡岭上，分布面积约 12 平方千米。

窑床均为依山而建的斜坡式龙窑，部分窑床存在分室结构，装烧工艺主要为匣钵装烧和明火叠烧。产品胎质多较细腻，釉色以青釉居多，装饰手法以印花为主，纹饰以缠枝或折枝菊花为主，部分器物上画有釉下彩绘。窑田岭窑址产品深受陕西耀州窑的影响，同时和北流河沿岸的容县下关窑等青白瓷窑址也存在一定的技术交流。

产品以碗、碟、盘、盏居多，腰鼓是此窑址最具特色的产品种类之一。腰鼓由西域地区引入，一般为木腔，到了唐宋时期开始出现瓷土烧制的腰鼓。北方的定窑、磁州窑等都曾进行过生产，但以广西烧制腰鼓的窑址数量最多，仅窑田岭窑址就出土数百件。关于桂林地区宋代腰鼓的生产情况，时任静江（今桂林）知府的范成大在《桂海虞衡志》一书中曾提道：“花腔腰鼓，出临桂职田乡，其土特宜鼓腔，村人专作窑烧之，油画红花纹以为饰。”同时期任静江府通判的周去非在《岭外代答》一书中亦载：“静江腰鼓，最有声腔，出临桂职田乡，其土特宜，乡人作窑烧之。”可见桂林地区腰鼓的烧制在宋代已非常有名。

窑田岭窑址出土的腰鼓

## 中和窑址

中和窑址位于藤县藤州镇中和村附近的北流河东岸，窑床均为斜坡式龙窑。装烧方式普遍使用一钵一器仰烧和一钵多器叠烧。

产品以碗、盏、盘、碟为主，器体规整精致，胎质洁白细腻，釉色以透明莹润的青白色为主，大多通体施釉。器物造型多取材于瓜、果、葵、莲等植物形态，不少器物器体或口部呈瓜棱、葵瓣、莲瓣等形态。装饰技法以印花为主，印花以缠枝花卉、折枝花卉、缠枝卷叶等最为常见，花卉有菊花、牡丹、芙蓉、莲花等，其中以席纹、菱形纹作衬底的纹饰为中和窑所独有。

瓷碗

瓷杯

瓷盘

印花碗

印花盏及盏模

中和窑址出土的瓷器

中和窑产品无论是胎质、釉色还是器型、纹饰，均代表了广西瓷业技术的最高水平，部分产品甚至与景德镇同类产品不相上下。

以中和窑为代表的广西宋代青白瓷，其技术源于江西景德镇，此类窑址主要分布于北流河和郁江等流域，不仅窑场较多，而且规模和产销量均较大。其兴盛繁荣阶段正是我国古代商品经济及海外贸易最为繁盛的时期，与宋代海外贸易的兴起有着密切的联系。当时大批窑工纷纷南下，来到瓷土资源与燃料资源均较丰富的广西开设窑场，从而使得包括青白瓷在内的广西制瓷业蓬勃兴起。随着两宋以后西北丝绸之路的复通及东南窑场竞争的加剧，广西的瓷器生产逐渐陷入低潮，青白瓷生产也最终退出了历史舞台。

# 熔石为金

金属冶铸是人类继石器和陶器制造之后的又一次技术革命，是人类进入文明社会的重要标志之一。

广西金属器的出现时间较晚，本土铸造青铜器出现的时间为西周末期到春秋早期。到了汉代，中原地区青铜器走向衰落，广西却迎来了青铜器铸造的巅峰时期。铁器在广西的出现时间亦较晚，到战国晚期才出现。到了汉代，铁器已经广泛应用于农业生产，但一直到东汉以后铁制兵器才取代青铜兵器。

广西铜、铁采炼业的出现时间相对较晚，目前发现的铜、铁采炼遗址最早见于六朝时期。文献记载的岭南地区的金属采炼最早出现于东晋时期，在梧州地区开展的考古调查中，发现了可能与金属冶炼相关的遗址达100余处，可见这一时期金属冶炼业的兴盛。唐宋时期，广西的金属采炼业更加蓬勃兴起，这一时期铁、铅、锡、铜、银、金的产量都不小。唐宋朝廷还在广西设监铸钱，从而出现了铸钱工场。

## 铜石岭冶铜遗址

铜石岭位于北流市民安镇上良村北的圭江东岸，为独特的喀斯特与丹霞地貌共生的自然奇观。山峰拔地而起，山势巍峨险峻；山峰周围平壤沃野，稻花飘香，无论是交通运输条件还是自然生活环境均较为优越。冶铜遗址位于铜石岭的西面坡脚，地面不仅发现大量炉渣及炼炉，还发现 7 口古矿井。

1977 年冬和 1978 年春，广西壮族自治区文物工作队对遗址进行了两次试掘，发现炼炉 14 座，采集到铜矿石、炼渣、铜锭、木炭、陶风管及陶瓷碎片等遗物。炼炉密布于山脚缓坡之上，炉底深入地下；炼炉和灰坑密集排列，炼炉为圆筒形，上部已残；每两座炼炉成一组，流口均斜向相对，共用一个化铜池；灰

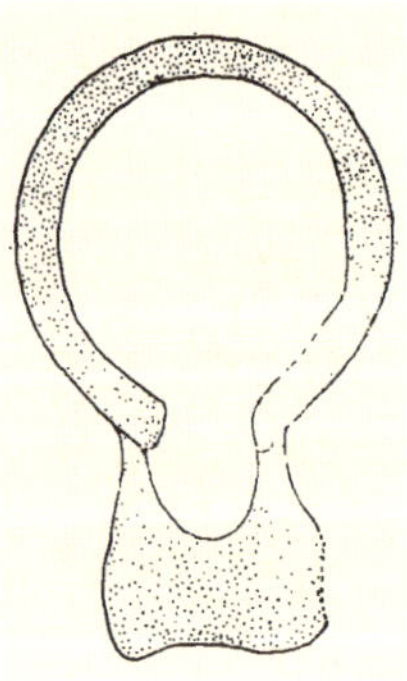

铜石岭地表残留的炼炉及炼炉平面图

坑有袋形、筒形、亚腰形和锅底形几种，分布于炼炉周围，坑内淤土中杂有炉渣、炭屑、灰烬和残风管，原来可能作为储料坑使用。

共出遗物主要为水波纹、方格纹、弦纹的陶瓷器，均较残碎。这些陶瓷器形制主要为六朝和隋唐时期，据此可知其开采冶炼年代。

燃料均为木炭，没有发现煤，冶炼时加石灰石作助熔剂。从遗址采集到的矿石、炉渣及铜锭的检测结果来看，矿石的品位并不高，但铜锭的纯度已非常不错。从铜石岭所处位置来看，这一带是铸造北流型、灵山型大铜鼓的中心区域，这些铜矿的开采和冶炼，很可能和铸造铜鼓有关。

## 六陈—罗秀冶铁遗址群

六陈镇和罗秀镇分属平南县和桂平市，均位于浔江以南的丘陵地区。冶铁遗址有 30 余处，分布范围较大。

从调查试掘情况来看，遗址地层堆积均较薄，遗迹主要有炼炉、灰坑、柱洞等。炼炉有上大下小的圜底状“碗式”炉和圆筒形的“竖式”炉两种。炉体均以黏土羼砂筑成，上部大多残缺不全，构筑方式有从地面起筑和半地穴两种，朝向坡下的一侧设有炉口和排渣道。遗物主要有铁矿石、炉渣、风管、陶瓷片、纺轮、砺石等。

遗址有效利用当地的铁矿资源，逐矿产而设，冶炼设施相对

六陈—罗秀冶铁遗址炼炉分布情况

粗简，技术主要为原始的块炼铁技术，年代大致为两晋南朝时期。

关于这一时期的铁器生产情况，文献多有记载。据《晋书·陶璜传》载："滕修数讨南贼，不能制。璜曰：'南岸仰吾盐铁，断勿与市，皆坏为田器，如此二年，可一战而灭也。'修从之，果破贼。"又据《晋书·庾翼传》载："时东土多赋役，百姓乃从海道入广州，刺史邓岳大开鼓铸，诸夷因此知造兵器。翼表陈东境国家所资，侵扰不已，逃逸渐多。夷人常伺隙，若知铸造之事，将不可禁。"这两条文献中的陶璜、滕修分别为三国时期的交州刺史和广州刺史，邓岳为东晋广州刺史。由此可知，三国时期岭南地区的铁器主要依赖官方供给，直到东晋广州刺史邓岳大开鼓铸，民间始出现铁器冶炼。六陈—罗秀冶铁遗址群很可能就是在这一背景下出现的。

## 梧州钱监遗址

梧州钱监遗址位于梧州市桂江南岸的钱鉴村。遗址三面环山，一面临江，是江边的一块小平原。遗址于1964年文物普查时被发现，1965年8月曾进行小规模的发掘，发现了铸币场、储水池、熔炉、坩埚、废渣、木炭等与铸钱相关的遗迹遗物。铜钱有元祐通宝、元符通宝、崇宁通宝、崇宁重宝、圣宋元宝、政和通宝几种，主要集中于北宋哲宗元祐年间至徽宗政和年间，尤以宋徽宗

坩埚

铜矿石

崇宁重宝

崇宁通宝

梧州钱监遗址出土的遗物

时期的崇宁通宝和崇宁重宝最为多见，表明铸钱的时间大致为北宋中晚期。

据《宋史·食货志》记载，熙宁年间“梧州以铅锡易得，万州以多铁矿，皆置监”。北宋熙宁四年（1071年）于梧州增设钱监，置监铸官。元丰年间，以其所铸铜钱行使于广南西路，称元丰监，公私铜钱兑换及运输由元丰库理之。当时全国共设钱监26处，仅梧州元丰监每年铸造铜钱就达18万缗（每缗为1000枚），是江南六大钱监之一。南宋初年，“建炎经兵，鼓铸皆废”，梧州钱监也在这一时期被废弃。

# 石语墨影

广西历史悠久，石刻文物保存较多，据不完全统计，共有6000件以上，遍布全区80多个市、县，其内容涵盖广西历代政治、军事、经济、文化、教育、宗教、民族、艺术、科学技术等各个方面，是广西极具特色的历史文化遗产。

隋唐以降，广西摩崖石刻、摩崖造像、碑刻逐渐兴起，以山为书，以壁为页，刻字为文，广西的历史文化，被记录在山水之间。遗存于崖壁及碑刻上的先人墨宝，文辞简洁，书体优雅，形式有题榜、题字、题名、题记、诗词、曲赋、佛经、诰封、告示、禁约、楹联等，字里行间，真书、行书、草书、隶书、篆书……笔走龙蛇，洋溢着艺术的风韵，传递着古人的情怀，展示出已逝去的历史和信息。唐代六合坚固大宅颂碑、智城碑，宋代《静江府城池图》、山水纪游，明代纪功石刻，清代白龙洞石达开唱和诗……如一篇篇刻在石壁上的史书，每一页都蕴藏着深厚的文化底蕴。

# 莫龙编侯墓铭文砖

东晋莫龙编侯墓铭文砖现藏梧州市博物馆，模印于东晋永和六年（350 年）。文字模印在墓砖的一个长侧边，全文为“永和六年太岁庚戌，莫龙编侯之墓”。龙编是古代的县名，设置于西汉，到唐代末年废止，治所在今越南河内以东，先后隶属于交趾郡和交州。莫龙编侯墓位于苍梧县多贤乡（今梧州市万秀区夏郢镇）境内的凤凰山，清乾隆四十五年（1780 年）因山体塌陷而暴露，与铭文砖同时出土的还有一面铜镜和一件铜盥漱器。清嘉庆四年（1799 年），县人邓方钠将一块墓砖送给广西巡抚谢启昆，编写进了当时正在修纂的《粤西金石略》的篇首。由于莫氏的名字和事迹不见于史书记载，清道光十六年（1836 年），有一个叫徐萃农的人，误读墓砖之“莫”字为繁体“漢”字的声旁，附会墓主为汉代的士燮。清同治十二年（1873 年），金石学家杨翰由湖南来

莫龙编侯墓铭文砖

广西访碑，经实地考察，重新认定为莫龙编侯墓，并著文：“粤西金石文字，以龙编侯砖为最古。”

## 欧阳景熙买地券

欧阳景熙买地券1938年出土于桂林市观音阁，刻于南朝宋泰始六年（470年），已佚，拓片现藏桂林博物馆。买地券是中国古代以地契形式陪葬于墓穴中的一种明器，由人类社会实际购买土地的契约演变而来，最早出现于东汉，盛行于南朝，延续至明清时期。目前广西出土的买地券共计10件，都是南朝时期的文物，滑石质地，数量占全国已发现的南朝买地券的近半数。其中以欧阳景熙买地券的年代为最早。买地券的内容主要包括以下几项：墓主人和卖地人，虚拟的买地四至边界和夸张的买地价格，由冥府官吏或地下神仙组成的

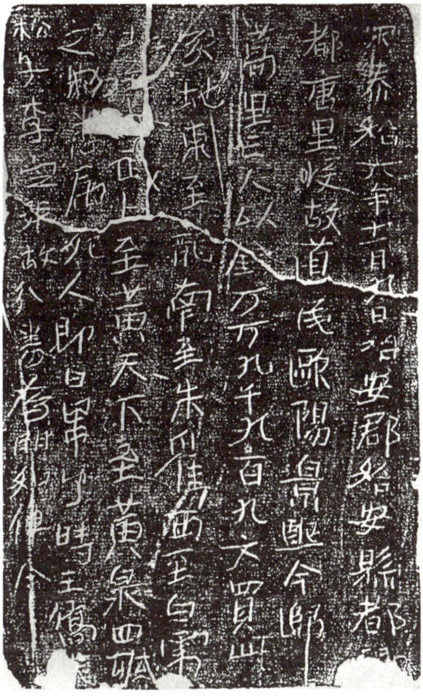

欧阳景熙买地券

买卖证人和墓主保护人，禁止地下的鬼神侵扰墓主人，墓主人也不能干犯生人，如有违犯则依据鬼律予以治罪的声明，等等。买地券是象征性的墓主人在冥世的土地私有权凭证，具有镇墓的性质。买地券与道教、方术有着密切的联系，是研究道教和方术在广西发展状况的重要实物。

## 宁贙碑

宁贙碑现藏广东省博物馆，刻于隋大业五年（609 年）。此碑额题“宁越郡钦江县正议大夫之碑”。清道光六年（1826 年）秋，钦州农民在久隆乡新明村石狗坪犁田时从地下掘出，当时碑的左下角缺损。清宣统元年（1909 年），所缺损的左下角又因为农民犁田而被发现，与原碑补成完璧，嵌置于钦州城内的尊经阁二楼保存。1939 年 5 月，日军飞机轰炸钦州，钦州人为保护乡邦文物不被破坏，将碑埋藏于沙坡村的荒地下。1956 年，碑从地下的埋藏地点取出。宁贙，字翔威，是钦州宁氏家族的第三代传人。碑文记载了宁贙的才学、任官和军功，以及钦州宁氏家族自北方南迁、发展繁衍，在祖国南疆“相承为豪”的历史。此碑为广西现存唯一的隋代石刻，碑首有穿，保留了汉代碑刻的遗制，文辞继承六朝骈文的传统，书法开唐人楷法的先河，被清代金石学家誉为“粤碑之冠”。

宁贇碑

# 六合坚固大宅颂碑

六合坚固大宅颂碑位于上林县澄泰乡洋渡村剥庙山脚岩洞中，刻于唐永淳元年（682 年），是广西现存年代最早的唐碑。碑文共 17 行 381 字，大部分已漫漶不清。作者韦敬辨是唐朝羁

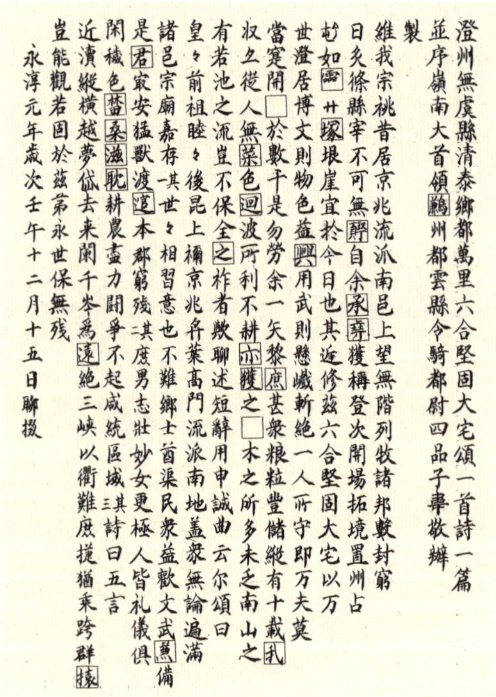
澄州無虞縣清泰鄉都萬里六合堅固大宅頌一首詩一篇
並序嶺南大首領羈州都雲縣令騎都尉四品子韋敬辦
製
維我宗祧昔居京兆流派南邑上望無階列牧諸邦數封窮
日炙絛縣宰不可無孵自余承穽獲稱登次開場拓境置州占
𣏾如雨廿塚垠崖宜於今日也其近修茲六合堅固大宅以万
世澄居博文則物色益興用武則懸巇斬絶一人所守即万夫莫
當寔開□於數千是匆劳余一矢黎庶甚衆粮粒豊儲縱有十載扎
収久從人無菜色迴波所利不耕亦獲之□木之所多未乏南山之
有若池之流豈不保全之祚者歎聊述短辭用申誠曲云尔頌曰
皇々前祖睦々後昆上稱京兆弁葉高門流派南地蓋衆無論遍滿
諸邑宗廟嘉存其一世々相習意也不難鄉士酋渠民衆益歡文武兼備
是君寂安猛獸渡遑本郡窮殘其二庶男志壯妙女更極人皆礼儀俱
閑穢色替桑滋耽耕農盡力闘爭不起咸統區域其三詩曰五言
近瀆縱横越夢岱去来閑千岑爲遠絶三峡以衢難庶撻猶乘跨群猿
豈能觀若固於茲第永世保無殘
永淳元年歲次壬午十二月十五日聊撥

● 六合坚固大宅颂碑摹本

州（今上林）地区部族的大首领，并兼羁縻州县的官吏。碑由序文、颂辞和五言诗构成，内容记述了上林韦氏家族“昔居京兆，流派南邑”的历史源流，叙说了作者自“承彝登次”之后“开场拓境”的创业经历，对“修兹六合坚固大宅”的缘由和成效做了诗意化的说明，最后是对家族未来兴盛的展望和祝祷。全文骈散结合，流畅典雅，对仗工稳，用典贴切，显示出作者所具有的较高的汉文学素养。文中有根据汉字的造字原则创造的土俗壮字，其中有一字，上部为“那”或“林”，下部为“田”。此字在汉文中没有，应为现今所见年代最早的古壮字，读音为［na］或［tam］，意为“田”或“塘”。另外，是借汉字以表壮语意。碑文对当时社会政治、经济、文化、生活等方面均有较为形象的描述，是研究唐朝初年壮族社会历史的珍贵资料。

## 智城碑

智城碑位于上林县覃排乡爱长村石俭屯后智城山，刻于武则天大周万岁通天二年（697 年）。全碑共 24 行 1100 余字，由序文和诗两个部分组成。序文是骈体文，它以长篇铺陈历述智城山的景致，称颂韦使君的才识。诗是四言古体，写得典雅流畅。从字里行间可以看出韦氏家族内部为争夺继承权而引起兄弟之间刀兵相见的残酷事实，对研究古代壮族社会历史有重要参考价值。韦敬辨、韦敬一都是唐初澄州（今上林）刺史韦厥的后裔。从碑文可见，他们的祖先原是京兆（今陕西西安）人，因到澄州来做官，便按照唐

智城碑

王朝的指令招抚了附近的少数民族，被封为这里的刺史，后来世代相传，韦家就繁衍为粤西（广西）壮族的巨姓。碑文作者韦敬一不仅深通汉文，而且能写诗作赋，有很高的文学素养。他的诗文都写得很好，应该说他就是最早的壮族文人之一。智城碑上的“日”“月”“星”“天”“地”“年”等字都用了武则天造的新字。

## 静江府城池图

《静江府城池图》位于桂林市鹦鹉山南麓，刻于南宋咸淳八年（1272 年），是南宋末年静江府（今桂林）的城市平面图，为国内现存两件宋代石刻城池图之一。今知桂林最早的城址是唐初李靖创建的子城，后有陈环建夹城，形成桂林前朝后市的城市格局。北宋至和元年（1054 年），余靖建桂州新城，南起今榕湖、

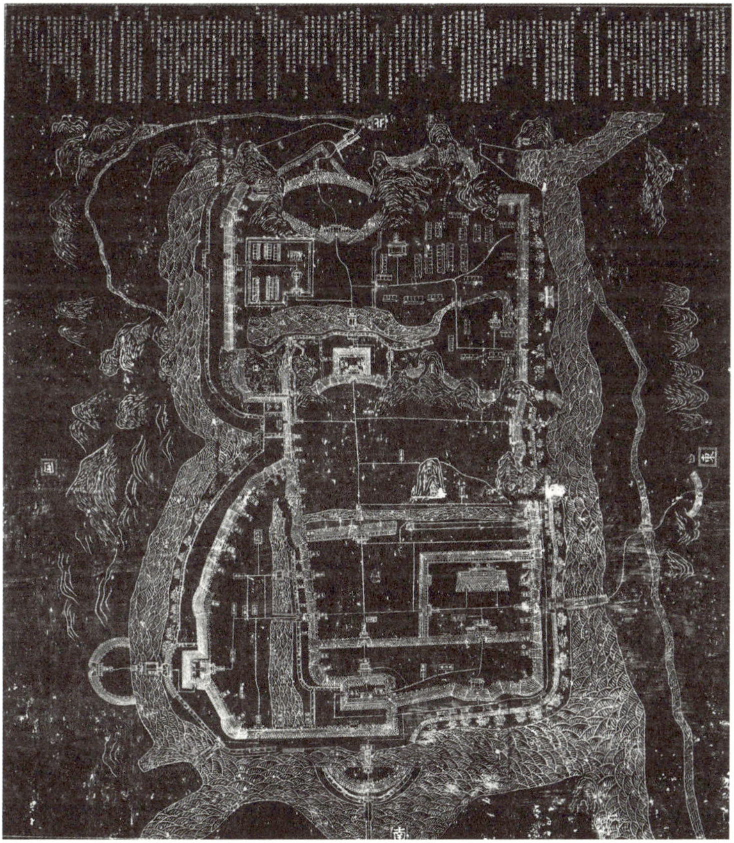

静江府城池图（复原）

杉湖，北至独秀峰以南，东临漓江，西至今湖光路。宝祐六年（1258 年）至咸淳八年（1272 年），为抵御蒙古军队的进攻，广西经略安抚使李曾伯、朱祀孙、赵汝霆、胡颖相继修筑了自桂州城向西延伸至骝马山、老人山，向北扩展至鹦鹉山、铁封山的静江府新城，并在竣工后于鹦鹉山镌刻了《静江府城池图》。由图可见，南宋静江府城的扩建，一方面按当时认为最完备的城池构筑形制进行建设，可谓集宋代筑城技术之大成；另一方面又因地制宜地对城市的传统模式进行变革，依山川形势规划城市格局，“倚山为壁，因江为池”，不仅成功地建设了固若金汤的静江府城防体系，而且还造就了山、水、城融为一体的桂林山水名城。

## 王阳明老先生遗像

明代《王阳明老先生遗像》原立于南宁敷文书院，中华人民共和国成立后曾一度被遗弃，并致残断，后被寻回修复，安放于南宁市人民公园内。此碑立于明嘉靖末年，阴线刻王阳明全身坐像，头戴冠，身穿朝服，正襟端坐，神态安然。王阳明，名守仁，字伯安，浙江余姚人。因筑室绍兴阳明洞，创办阳明书院，世称阳明先生。其阳明学派曾一度风靡，是明代著名的理学家。明嘉靖五年（1526 年），王阳明以兵部尚书总督两广军务，来广西征讨田州、思恩等地的少数民族动乱，在对八寨、大藤峡征战尚未结束时患病，卒于还乡途中。王阳明在对少数民族进行武力镇压的同时，也注重以文教感化招抚，强调文德教化。嘉靖七年

王阳明老先生遗像

（1528 年），王阳明在南宁创办了敷文书院，亲自登坛讲学，旨在“宣扬至仁，诞敷文德”。

## 石达开等唱和诗

《石达开等唱和诗》摩崖位于河池市宜州区白龙洞洞口，正书，刻于清咸丰十年（1860 年）。石达开（1831—1863 年），贵县（今贵港）人，太平天国的核心领导者之一，永安（今蒙山）封王时被封为翼王。清咸丰六年（1856 年），太平天国出现内讧，韦昌辉杀害了杨秀清及其部将，酿成“天京之变”，石达开率部出走。后洪秀全诛杀了韦昌辉，诏其回天京（今南京）辅政，但因遭洪仁发、洪仁达的猜忌，石达开又被迫率二十万精兵出走，辗转于浙、赣、闽、湘间。清咸丰九年（1859 年）八月石达开部进入广西，十月石达开率军十万攻占了庆远府（今河池市宜州区）。翌年春，石达开于政暇之余携诸大员巡视芳郊，登临白龙洞，见洞壁有刘云青题壁诗，“寓意高超，出词英俊”，诗中有斥佛诗句，颇合石达开毁佛信奉天帝的意旨，于是命将刘诗刻石，“以为世迷仙佛者警”。石达开与部将并步刘诗原韵共和诗 15 首，以志游览。此为广西唯一的太平天国摩崖石刻。

《石达开等唱和诗》摩崖

# 桂筑华章

广西的历史建筑见证了几千年来广西人类社会发展的沧桑变化。据统计，广西的历史建筑有3000多处，遍及广西各地，其中临贺故城、靖江王府、容县真武阁等多处古建筑被公布为全国重点文物保护单位。广西历史建筑大致可分为宫殿府邸、衙署官邸、坛庙祠堂、书院会馆、宅第民居、苑囿园林、池塘井泉、亭台楼阁、寺观塔幢、军事设施等，近现代建筑又可根据重要历史事件或重要机构分为不同的纪念设施、传统民居、名人故居旧居、外交设施等。一座座充满历史沧桑的建筑，从不同的角度，展现了广西古代建筑的风姿和其所演绎的故事；屋脊的堆砌，重轩镂槛，斗拱雀替，雕龙画凤，庭院天井，廊道迂回，不同时期建筑的变化及斑驳的岁月痕迹，折射出广西历史的风风雨雨……

## 临贺故城

临贺故城位于贺州市八步区贺街镇，是自西汉元鼎六年（公元前111年）以来广西东南部和广东西部一带基层行政组织中郡县建置的治所所在地，是现存县级行政治所城址中延续时间最长、保存最为完整的城址。临贺故城由大鸭村城址、洲尾城址、河西城址、河东城址和城外的古墓葬群五大部分组成。临贺故城历史脉络清楚，城址保存较好。因东面临江，故东面没有护城河，现城内留存大量的石板街、民居、古井、宗祠、庙宇、县衙、书院等文物。2001 年，临贺故城被公布为全国重点文物保护单位。2013 年，贺街镇被列为广西历史文化名镇。

● 临贺故城河西城址的西城墙及文笔塔

## 靖江王府

靖江王府是明朝分封在靖江（今桂林）的历代诸王的居所，位于桂林市独秀峰下，占地面积约 0.187 平方千米。明洪武三年（1370 年），明太祖朱元璋封其侄孙朱守谦为靖江王，就藩桂林。洪武五年（1372 年）始建王府，严格按照明王朝对藩王府规制的规定建造。除城墙及城门外，城内中轴线上序筑有承运门、承

承运门

运殿和王宫。四座城门依制为南“端礼”、北“广智”、东“体仁”、西“遵义”。现王府内大部分明代建筑物已被毁，主要遗存有城墙、承运门、承运殿台基、王宫门、王宫基础、月牙池等。清政府曾在王府内设立贡院。民国初年，王府成为广西省参议会所在地。1922 年，孙中山以桂林为北伐大本营，设总统行辕于王府。1939 年，广西省政府迁入王府内办公，1944 年日军攻占桂林后迁出，于 1947 年又在原址重建广西省政府。现王府内还保存有 17 幢清代及民国时期的建筑。1996 年，靖江王府被公布为全国重点文物保护单位。

## 岑氏土司府

岑氏土司府始建于明弘治年间，为上林（今西林）长官司土司岑密所建，位于西林县那劳镇那劳村。经其后裔不断进行维修、扩建后形成明清时期的土司府第建筑群。整个建筑包括围墙、炮楼、南闸门、北闸门、岑氏土司府、旧府、将军庙、岑氏宗祠、宫保府、增寿亭、荣禄第、南阳书院、思子楼、孝子孝女坊等建筑，总占地面积约 0.04 平方千米。岑氏家族建筑群是桂西、桂西北壮族地区保存规模最大、延续时间最长、保存最为完整的土司建筑群，在广西乃至西南地区现存的土司府第、衙署中占有一定的地位。2013 年，岑氏土司府被公布为全国重点文物保护单位。

岑氏土司府

## 大芦村古建筑群

大芦村位于灵山县佛子镇。古村建筑群建于明嘉靖二十五年（1546 年）至清同治二年（1863 年），是现存古建筑中保存较完整的明代建筑。古建筑分为两个大的群区，除四美堂（劳氏祖居，又称“镬耳楼”）、三达堂、双庆堂、东园别墅四处较大的院落外，还有东明堂、蟠龙堂、陈卓园、杉木园、富春园和劳克公祠等院落，共 10 个明清建筑群。整个建筑群具有居住、防卫、聚会、寓意和审美等多种功能，既满足居民的生活需要，也满足居民的心理需求。大芦村有“广西楹联第一村”之称，2007 年被列为中国历史文化名村。2013 年，大芦村古建筑群被公布为全国重点文物保护单位。

大芦村古建筑群保存有较完整的明清时期的院落

## 黄姚古镇建筑群

黄姚古镇形成于900多年前的宋代，位于昭平县黄姚古镇内。古镇内有八大街，街道全部用青石板铺成，镇内建筑按九宫八卦阵式布局，现存明清建筑300多处。古民居多为两层庭院式小楼，硬山顶，小青瓦，砖木石结构；大门外檐有彩画，多饰花鸟山水、人物故事等内容。除古民居外，古镇内至今保存有明清建筑风格的寺观庙祠20多座、亭台楼阁10多处。2007年，黄姚古镇被列为中国历史文化名镇。

● 黄姚古镇建筑群

## 周渭祠

周渭祠位于恭城瑶族自治县县城太和街，始建于明成化十四年（1478 年），清雍正元年（1723 年）重修，以祭祀北宋御史周渭。现存门楼和正殿等建筑，占地面积 1600 平方米。2006 年，周渭祠被公布为全国重点文物保护单位。

周渭（922—999 年），恭城路口村人。北宋太平兴国二年（977 年），升任广南诸州转运副使。在岭南任职 6 年，曾奏请减免税役，重定田赋，兴办学校，妥善处理与交趾（今越南）的冲突，被加授监察御史。周渭在岭南任官时，关心家乡，是一位刚正不阿、廉洁奉公的清官，因而家乡人民建庙以奉祀他。

● 周渭祠大门楼

## 真武阁

真武阁位于容县容州镇，建于明万历元年（1573 年），是民间为奉祀真武大帝以镇火灾，在唐代修建的经略台上建成的一座三层的楼阁。其结构中最奇特、最精巧、最令人赞叹的部分在于二楼的四根内柱承受着上层建筑物件的沉重荷载，柱脚却悬空不落地。1982 年，真武阁被公布为全国重点文物保护单位。

● 真武阁

## 妙明塔

妙明塔

妙明塔位于全州县城西北湘山脚下，是广西现存年代最早的砖木结构佛塔。该塔始建于唐咸通二年（861 年），乾符三年（876 年）建成，原为五层，北宋时改建为七层。南宋绍兴五年（1135 年），高宗称其“正大光明妙哉”，自此被称为“妙明塔”，历代或有修建。现存塔基是南宋遗物，塔身是明代遗物。2013 年，妙明塔被公布为全国重点文物保护单位。

## 岜团桥

岜团桥位于三江侗族自治县独峒镇岜团村边的孟江河上，清光绪二十二年（1896 年）始建，清宣统二年（1910 年）建成。岜团桥的独特之处在于分人行及畜行通道，避免了人畜混行，特别是在避风雨、休息时，人们可以安心地在桥上等候、闲聊，也有利于保持桥面的清洁卫生。其设计之精巧，结构之严谨，造型之优美，手法之独特，构思之巧妙，无不展示着侗族人民的聪明才智。2001 年，岜团桥被公布为全国重点文物保护单位。

● 岜团桥

## 恭城文庙、武庙

恭城文庙、武庙位于恭城瑶族自治县印山南麓的拱辰西路，左侧为文庙，右侧为武庙，文、武两庙把印山一山分二脊，一东一西，相隔约 50 米。

恭城文庙（又称孔庙）是祭祀孔子的建筑，始建于明永乐八年（1410 年），清道光二十二年（1842 年）重修，依山东曲阜文庙之规制改建。建筑坐北朝南，依山而建，为院落式建筑群，是岭南地区保存最为完整的文庙建筑群之一。2006 年，恭城文庙被公布为全国重点文物保护单位。

恭城文庙大成殿

恭城武庙全景

恭城武庙是祭祀三国名将关羽的建筑，始建于明万历三十一年（1603 年），清同治元年（1862 年）重修，是一处由戏台、雨亭、前殿、正殿、后殿和两侧东、西厢房组成的四进院落式布局建筑。武庙不设正门，由两侧开门进出，两侧门上分别有“忠君爱国”“济世安民”匾。正殿供奉关羽，后殿祀妈祖、九子娘娘等。2006 年，恭城武庙被公布为全国重点文物保护单位。

## 横县伏波庙

横县伏波庙位于横州市云表镇站圩东南 3 千米处的郁江乌蛮滩北岸，是为纪念东汉伏波将军马援南征交趾（今越南）、平乱安民而建的一座祭祀性建筑群。横县伏波庙始建于东汉时期，现存建筑为清代时重建。该庙是广西境内最大的，也是珠江流域最

横县伏波庙全景

有影响的伏波庙。其建筑工艺精细，用材讲究，尤为珍贵的是屋脊的陶塑、石雕、灰雕、木雕、彩画，题材广泛，有人物故事、瑞兽花卉等，均是广西庙宇建筑中的精品。2013 年，横县伏波庙被公布为全国重点文物保护单位。

## 和里三王宫

和里三王宫位于三江侗族自治县良口乡和里、南寨两村之间的双溪汇合处，是由三王宫、人和桥组成的建筑群。三王宫始建于明隆庆六年（1572 年），现存为清代建筑。三王宫主要为祭祀古夜郎国三王子而建，是广西目前发现的与夜郎历史有关联的历史建筑。人和桥始建于清光绪二十四年（1898 年），为侗族特色的攒尖歇山顶风雨桥。2013 年，和里三王宫被公布为全国重点文

● 和里三王宫全景

物保护单位。

古夜郎国起于战国，止于西汉成帝河平年间，前后约 300 年，大致地域在今贵州西部、云南东北部、四川南部及广西西北部一带。西汉元鼎六年（公元前 111 年），汉武帝征西南，授夜郎王。西汉末，夜郎王兴与南方小国连年攻战，不服从朝廷调解。西汉河平二年（公元前 27 年），牂牁太守陈立斩杀了夜郎王兴，而其三子并未听从部族怂恿叛汉，反而权衡利弊，顾全大局，以民生为重，配合汉朝廷平定了臣属及附属部落的叛乱，维护了国家的统一大业和民族融合。此后，在湘、桂、黔原属夜郎国的地方，当地百姓为怀念三王子而为其立庙祭祀。

司马迁编写的《史记·西南夷列传》中专门记载了夜郎国的事件，但在西汉之后，古夜郎国却神秘消失，这个谜团至今都是史学家、考古学家关注的热点。

## 冯子材旧居

冯子材旧居位于钦州市钦城区白水塘，建于清光绪元年（1875 年），因冯子材被清政府授予太子少保、加封尚书衔而得名“宫保府”。旧居是典型的清末南方府第建筑群，以简朴艺术特色见长，宏大建筑与简朴装饰形成较大的反差，体现了冯子材安于

冯子材旧居主座

平民生活、归隐田园的理念。檐柱采用竹形造型，除纪念镇南关大捷、观音桥大捷外，还借此显示冯子材高风亮节的人生信念。2001年，冯子材旧居被公布为全国重点文物保护单位。

## 刘永福旧居

刘永福旧居位于钦州市板桂街10号，原名三宣堂，建于清光绪十七年（1891年）。旧居占地面积22700平方米，砖木结构，院落式建筑布局，共有大小楼房100多间，还有戏台、花园、菜园、鱼塘、晒场等设施。刘永福旧居建筑布局具有军事营垒的特点，是刘永福军事生涯及军事思想的体现。2001年，刘永福旧居被公布为全国重点文物保护单位。

刘永福、冯子材是中国近代史上著名的反帝爱国民族英雄。在清末的中法战争中，刘永福和冯子材率部共同抗击法国侵略者，在援越抗法、桂边保卫战中取得了震惊中外的镇南关大捷，取得了中国近代史上第一次反侵略战争的胜利。

刘永福旧居

# 李宗仁故居

李宗仁故居位于桂林市临桂区两江镇浪头村，建于清末，后经添建扩建，形成一座庞大的、具有防御功能的建筑组群。现存建筑由安乐第、将军第、学馆、客厅、炮楼、门楼、鱼塘、水井、牛栏、猪舍等组成。李宗仁的母亲刘氏、兄长李德明和原配夫人李秀文女士曾长居于此。1996 年，李宗仁故居被公布为全国重点文物保护单位。

李宗仁故居

## 太平军前军指挥部旧址

太平军前军指挥部旧址原为三界（三界，本为宗教术语，指众生所居之欲界、色界、无色界或指断界、离界、灭界三种无为解脱之道）庙，位于桂平市金田镇南大街，始建于清乾隆年间。1851 年 1 月 11 日，以洪秀全、杨秀清、萧朝贵、冯云山、韦昌辉、石达开为首的义军在广西桂平金田村发动了震惊世界的金田起义；7 月，太平军从武宣回师金田，在三界庙设立“太平军前

太平军前军指挥部（三界庙）全景

军指挥部”，由洪秀全坐镇指挥太平军突围，向平南进军。1853年，太平军攻下金陵（今南京），号称天京，并定都于此。太平军多次击败清军的围攻，沉重打击和动摇了清政府的统治。1963年，金田三界庙作为金田起义地址重要文物点被公布为全国重点文物保护单位。

## 北海涠洲天主堂

北海涠洲天主堂包括盛塘天主堂和城仔教堂，当时属法国“远东传教会广州天主教区”管辖，下辖雷州、钦州、防城、灵山、合浦等地教堂，成为当时广东西南地区（陆地部分）天主教会的“首府”。

盛塘天主堂位于北海涠洲岛盛塘村，清同治八年（1869 年），法国天主教会在盛塘村用岛上特有的珊瑚石建造教堂，清同治十八年（1879 年）建成，为具有欧洲中世纪建筑风格的哥特式天主教堂，附属建筑有女修道院、神父楼等。2001 年，盛塘天主堂被公布为全国重点文物保护单位。

城仔教堂位于北海涠洲岛城仔村，约建于清光绪六年（1880 年），由法国天主教李神父负责筹建，称“圣母堂”。教堂前是一座三层方形钟楼。钟楼正面雕有“圣母堂”三字。钟楼后面为长方形教堂。与教堂后角相连的是一座二层的神父楼。2001 年，城仔教堂被公布为全国重点文物保护单位。

盛塘天主堂

## 清代领事馆

英国领事馆旧址位于北海市解放路。英国领事馆于清光绪三年（1877 年）设立，光绪十一年（1885 年）建办公楼，是其他国家最早在广西开设的领事机构。主楼为一座两层、长方形券廊式西洋建筑，附属建筑有宿舍、接待室、厨房、小礼拜堂等。双孖楼为两座造型相同的建筑，一座建于清光绪十二年（1886 年），一座建于光绪十三年（1887 年），原是英国领事馆的附属建筑。两座建筑相距 32 米，因造型相同，似孪生兄弟，故名。2001 年，

英国领事馆旧址

英国领事馆旧址被公布为全国重点文物保护单位。

德国领事馆旧址位于北海市解放路，建于清光绪三十一年（1905 年）。清光绪十二年（1886 年），德国在北海设立领事馆机构，于光绪三十四年（1908 年）撤出。在航运和商贸方面，当时德国商船在北海的活动最为频繁。2001 年，德国领事馆旧址被公布为全国重点文物保护单位。

法国驻龙州领事馆旧址位于龙州县霞秀乡，建于清光绪二十年（1894 年），原为清政府与法商费务村公司为建筑龙州至越南同登铁路而建的火车站。中法战争后，法国在龙州设领事馆，因

德国领事馆旧址

法国驻龙州领事馆旧址

铁路停办，即搬迁至此作公署。旧址现存建筑东西各一幢楼。1930年初，邓小平领导龙州起义，在此举行万人大会，将法国领事驱逐出境，以实际行动反对帝国主义的侵略。2019年，法国驻龙州领事馆旧址被公布为全国重点文物保护单位。

## 梧州海关旧址

梧州海关旧址位于梧州市西江三路5号，现存楼房7幢。清光绪二十三年（1897 年），根据《中英续议缅甸条约》附款专条规定，将广西梧州府开辟为通商口岸，设立海关。首任税务司为英国人阿岐森，税务员由英国人、葡萄牙人担任，辖界自西江梧州口至德庆鸡寇石。1918 年开始选址建税务司公馆，陆续建成监察长、帮办、高级验货员的宿舍及办公楼、俱务部、进修会等西式建筑共 7 幢，还有弹子房、花园、网球场、大草坪等附属设施。1950 年 5 月，梧州海关撤销。2013 年，梧州海关旧址被公布为全国重点文物保护单位。

梧州海关旧址

友誼關

# 风云激荡

——近代

中国近代史，是指从1840年鸦片战争开始，到1949年中华人民共和国成立这100多年的历史。第一次鸦片战争以后，西方列强纷纷入侵中国，广西地处沿海，早就成为西方列强窥视的要地。在中国近代史上，广西发生了许多影响中国政治局势的重大事件，如镇南关大捷、百色起义、龙州起义、湘江战役、昆仑关战役等。与这些历史事件有关的遗址，有昆仑关战役旧址、柳州城防工事群旧址、中国工农红军第七军军部旧址、中国工农红军第八军军部旧址等。虽然这些遗址可能在建筑艺术、形制方面不是那么突出，但是由于历史的机遇，使它们都成为广西近代历史事件的见证者，进而成为广西具有特殊意义的纪念性遗址。有的遗址如百色市的中国工农红军第七军军部旧址已成为国家级爱国主义教育示范基地，每年都吸引大批游客前来参观。

# 共御外侮

面对外来侵略，中国人民自古以来都是同仇敌忾，不怕牺牲，血战到底。

在清末的中法战争中，刘永福和冯子材率部共同抗击法国侵略者，在援越抗法、桂边保卫战中痛歼入侵的法军，取得了震惊中外的镇南关大捷，也是中国近代史上取得的第一次反侵略战争的胜利。友谊关及其西侧的金鸡山炮台，是中法战争纪念地旧址。

抗日战争期间，痛击日军、扬我国威的昆仑关战役，为巩固柳州的军事防御能力而修筑的柳州城防工事群，都彰显着中华民族驱虎豹、战豺狼、浴血奋战的英勇气概，这就是使中国长盛、民族长存的中国魂。

## 连城要塞遗址

连城要塞为清末广西提督苏元春为防御外侮而主持修建的军事防御工事体系，自东向西分布在广西最西边的百色市那坡县至最东边的北海市合浦县沿边沿海地带。始建于清光绪十一年

小连城防御设施

（1885 年），止于清光绪二十二年（1896 年），历时 11 年，全长 1000 多千米，是一个由各式炮台、碉台、营垒、城墙、关隘等军事设施组合成的完善的军事防御体系，形成了如今这片蔚为壮观的连城要塞遗址。连城要塞以设在凭祥市与龙州县的大连城、小连城提督行署为中心，以凭祥市友谊关为前沿，含右辅山炮台、金鸡山炮台，共筑炮台、碉台 165 座，设隘 109 座，分 66 道关卡，有“南疆小长城”之称。2006 年，连城要塞遗址被公布为全国重点文物保护单位。

大连城位于凭祥市东北约 3 千米处，为清末苏元春的防务指挥中心和屯兵重地。1885 年中法战争结束后，苏元春经过勘察，开始在这一带建设防务指挥中心。这里谷地开阔，高山环绕，地势险要，水源充足，交通便利，进可攻，退可守。于是，苏元春调集大量人力和筹集大量白银，经过数年的努力，在周围山头修

筑碉堡，在碉堡之间修山脊通道，经过中闸和后闸，构成环形山头阵地，故称为“大连城”。苏元春在连城外围的高山山顶上修筑炮台，安装采购于德国的大炮，监控通往越南的大路和山径。在群山环抱的开阔谷地上修建相关设施，其中包括提督衙门、官兵馆舍、练兵场、演武厅、军装局（武器弹药库）、牛车篷（牛车运输营地）、武圣宫、财神庙、庆祝宫、社王庙、水井、戏台、圩亭等，使大连城成为一个设施齐全的边防指挥基地。

小连城位于龙州县西南约 3 千米处的彬桥乡将山群峰上，山下为平而河，主要由保元宫和炮台群组成，其规模比大连城稍小，是一处环山筑城的边防要塞。于清光绪十八年（1892 年）开始修建，至清光绪二十二年（1896 年）竣工。是时任广西提督的苏元春为抵御法国军队入侵，在中越边界上修建的第二个军事指挥中心兼提督行署。小连城依山势垒筑石墙，将山顶上的数十座炮台、碉台相连，绵亘数里，扼守龙州的水陆门户，宛若灰色长龙，故有“南疆小长城”之称。

## 友谊关遗址

友谊关是中国的雄关，见证了中国近代革命的兴起。它位于广西凭祥市西南面、中国与越南边界处，是通往越南的重要陆路通道和国家一类口岸，扼中越交通之咽喉。友谊关因其建筑雄伟、形势险峻，又有“天下第二关”之称，也是我国九大名关之一。友谊关始建于汉代，历代为中国南疆边防要隘和战略要地。曾名雍鸡关、大南关、界首关、鸡陵关、镇夷关等，明代改名镇南关，

友谊关

友谊关右辅山炮台

1953 年更名为睦南关，1965 年经国务院批准正式命名为友谊关，关名由陈毅元帅题写。清光绪十一年（1885 年），清军名将冯子材率军在此痛击法国侵略者，取得举世闻名的镇南关大捷。清光绪三十三年（1907 年），伟大的民主革命先行者孙中山先生为推翻清政府，领导和发动了镇南关起义。如今，这里还留有中法战争古战场、清朝万人坟等战争遗址。1949 年 12 月 11 日，中国人民解放军把红旗插上镇南关，宣告广西全境解放。20 世纪 50 年代，周恩来总理和胡志明主席等中国和越南的领导人曾多次在友谊关楼上会晤。它是我国现存的唯一与外国接壤的边关，现为国家一级口岸。

## 昆仑关战役旧址

昆仑关是我国古代名关之一，形成于秦汉时期，位于南宁市兴宁区昆仑镇，被誉为南宁的“东北门户”，具有重要的战略地位。1939 年 11 月至 1940 年 2 月，国民党军与侵华日军在广西南部展开了桂南会战，重点守备战略要地，以确保西南国际交通线的安全。1939 年 12 月，在昆仑关攻坚战中，中国军队以击毙包括少将旅团长中村正雄在内的 5000 多名日军的战绩，取得了大捷，开创了抗日战争以来攻坚战取得胜利的先河，沉重打击了日本侵略者的嚣张气焰。

1944 年，国民党第三十八集团军第五军工兵营在昆仑关修建了陆军第五军昆仑关战役阵亡将士墓园，包括南牌坊、北牌

陆军第五军昆仑关战役阵亡将士墓园

坊、陆军第五军昆仑关战役阵亡将士纪念塔、碑亭、抗日将士公墓等一大批纪念建筑物。昆仑关战役旧址文物点还包括位于柳州市的桂南会战检讨会旧址和位于宾阳县的昆仑关战役白岩前线指挥部等。2006 年，昆仑关战役旧址被公布为全国重点文物保护单位。

## 柳州机场及城防工事群旧址

柳州机场及城防工事群旧址由柳州旧机场、张公岭环山工事碉堡群旧址、小鹅山防御工事群组成，于 2013 年被列为全国

● 机场碉堡（修缮后）

● 营房（修缮后）

重点文物保护单位。柳州机场及城防工事群旧址是抗日战争时期的军事设施和防御工事的代表，同时也是抗日战争中战功卓著的美国志愿航空队（飞虎队）、苏联志愿航空队的主要驻扎地之一，是中国人民抗击日本侵略和世界反法西斯战争同盟国团结抗击日本侵略的历史见证，是研究民国时期航空体系和防御工事体系的代表性遗存。

柳州机场旧址位于柳州市柳南区，紧邻柳邕路、火车站和汽车总站，周边碉堡战壕环绕，军事机构环立，包括机场旧营房、指挥部山洞、弹药库山洞、弹药库油库、哨所、指挥塔台、防空碉堡、飞机库山洞、飞虎队军人俱乐部等建筑和设施。

张公岭环山工事碉堡群旧址占地面积近 50 公顷，场景宏大而壮美，满山明碉暗堡，战壕深藏地下绕至岭顶。现存岭上的军事建筑群主要建于 1937 年，用当时极其稀有的钢筋混凝土建造，十分坚固，有战壕、碉堡、瞭望台、地道等设施，战壕内有储藏所、弹药库、指挥室、炮台等，整体保存较好。张公岭环山工事碉堡群为巩固城防，保护柳州机场、火车站等重要设施而建。

小鹅山防御工事群位于柳州市柳南区红岩路三区的小鹅山上，现存 5 处碉堡，均用钢筋混凝土建造。小鹅山为 2 座小山岭相连而成，四周地形平坦，视野开阔，距柳州城区仅 2 ～ 3 千米，是柳州市西南面的重要防线，也是柳州市十分重要的军事防御工事。

# 碧血初心

革命文物是革命文化的物质载体，饱含深厚的文化底蕴，是一个国家、一个民族的文化体现。革命文物承载着中国共产党的光辉历史，书写着近代以来中国人民英勇抗争的壮丽篇章，能激发爱国热情、振奋民族精神，是中国共产党团结带领中国人民不忘初心、奋勇前进的力量源泉。成立初期的中国共产党在广西各地不断成立各级组织，持续开展革命工作，为中华人民共和国的成立做出了贡献。广西的革命文物遗存，如中国工农红军第七军军部旧址、八路军桂林办事处旧址、血战湘江遗址等，真实地展现了中国共产党艰苦而辉煌的历史。

## 中国工农红军第七军军部旧址

中国工农红军第七军军部旧址（粤东会馆）位于百色市解放街，是土地革命战争时期邓小平、张云逸、雷经天、韦拔群等领导和发动百色起义时的总指挥部所在地。军部旧址原为粤东会馆，始建于清康熙五十九年（1720 年），一直是粤商赴百色经商的落

● 中国工农红军第七军军部旧址

● 邓小平题书

脚点，久负盛名，现存建筑为清代中期修建。整个会馆布局完整，结构严谨，雕梁画栋，古香古色，融建筑、书法、雕塑、绘画艺术为一体。其天井、厅堂、阁楼、月门、甬道、青砖，无不展现岭南建筑的艺术特色。

1929 年，中共中央派遣邓小平（时名邓斌）等人到广西开展革命活动，指挥左右江革命斗争。12 月 11 日，邓小平、张云逸、雷经天、韦拔群等在百色领导和发动武装起义，这是中国共产党在少数民族地区实行“工农武装割据”的一次光辉实践。起义宣布成立中国工农红军第七军，任命张云逸为军长、邓小平为前敌委员会书记兼政委，军部设在粤东会馆内。1977 年 8 月，邓小平为旧址题书“中国工农红军第七军军部旧址”。1988 年，中国工农红军第七军军部旧址被公布为全国重点文物保护单位。

如今，中国工农红军第七军军部旧址已经成为人们缅怀邓小平等老一辈无产阶级革命家和百色起义伟大功绩、接受爱国主义教育和革命传统教育的重要场所，同时也是人们追忆岭南悠久历史文化，欣赏前人高超建筑艺术的宝地。

## 右江工农民主政府旧址

右江工农民主政府旧址位于百色市田东县平马镇南华街 1 号，原为经正书院，是恩隆县（今田东县）热心人士捐资兴办的一所学堂，始建于清同治九年（1870 年）。1929 年 12 月 11 日，邓小平、张云逸等领导和发动了百色起义，宣告中国工农红军第七军（简称红七军）成立。同一天，右江地区第一届工农兵代表会议

右江工农民主政府旧址

在恩隆县胜利召开，张云逸、韦拔群、雷经天等 80 多位代表出席会议。会议代表一致通过关于成立右江工农民主政府（原称苏维埃政府）的决议，选举雷经天为政府主席。右江工农民主政府成立后，将办公地点设在经正书院，正厅是中共右江特委、右江工农民主政府的会议厅。右江工农民主政府成立后，领导农民开展土地革命，到各乡村进行土地普查、烧毁土地契约、废除债务、没收地主的土地，按人口平均分配土地；加强军事建设，建立农民赤卫队，培养军事人才；建立中共各级地方党组织，在各地开办学校，发展教育。1996 年，右江工农民主政府旧址被公布为全国重点文物保护单位。

## 中国工农红军第八军军部旧址

中国工农红军第八军军部旧址位于崇左市龙州县龙州镇新街，原为瑞丰祥钱庄，由中国清代传统民居建筑和近代欧式建筑组成。办公楼前的两棵柏树为当年邓小平同志亲手栽种。1929 年百色起义后，邓小平从百色到龙州，传达中共中央和广西前委关于龙州起义建立中国工农红军第八军（简称红八军）的指示。1930 年 2 月 1 日，龙州起义发动，宣告中国工农红军第八军和左江革命委员会成立，俞作豫任军长，邓小平任政委，李明瑞任红七军、红八军总指挥，何世昌任政治部主任。红八军军部设在瑞丰祥钱庄内，瑞丰祥钱庄因此被称为“红军楼”。1988 年，中国工农红军第八军军部旧址被公布为全国重点文物保护单位。

中国工农红军第八军军部办公楼

## 中共红七军前委旧址

中共红七军前委旧址（魁星楼）位于河池市东兰县武篆镇中和圩，建于清光绪三十三年（1907 年）。1922 年，韦拔群在东兰领导农民运动，将魁星楼作为农民自卫军军部。1926—1927 年，东兰县革命委员会和武篆区农民协会成立，仍以魁星楼为办公地点。1930 年夏，红七军前委设在魁星楼。红七军领导人邓小平、张云逸、韦拔群、雷经天等人在楼上办公、住宿，领导东兰土地

中共红七军前委旧址（魁星楼）

革命试点和根据地建设，举办党政干部训练班。1963 年，中共红七军前委旧址被公布为自治区文物保护单位。

## 八路军桂林办事处旧址

八路军桂林办事处旧址位于桂林市中山北路 14 号，原名“万祥糟坊”，为两层砖木结构建筑，初建于 1937 年。1996 年，八路军桂林办事处旧址被公布为全国重点文物保护单位。

八路军桂林办事处旧址

1937 年“七七事变”后，国共两党合作，红军改编为国民革命军第十八集团军，即八路军。1938 年 9 月，武汉形势危急，党中央决定成立南方局，在桂林设立办事处。11 月，办事处在万祥糟坊正式设立，另在灵川县莫路村设有电台室、物资转运站、救亡室等机构。八路军总部秘书长、八路军武汉办事处主任李克农任办事处主任，负责日常工作。八路军桂林办事处又称国民革命军第十八集团军桂林办事处，亦称第十八集团军驻桂通讯处，兼新四军驻桂通讯处，是抗日战争转入相持阶段后，中国共产党联系、动员西南、华南以至华东地区人民进行抗日的重要支点，是八路军、新四军在桂林建立的公开联络办事机构。周恩来曾三次亲临此处部署工作，叶剑英在此进行抗日演讲。1941 年 1 月，皖南事变后，该办事处被迫撤离。旧址在 1944 年被日本侵略者烧毁，后按原样重建。

## 血战湘江遗址

1934 年，中央红军长征，在湘江上游广西境内的灌阳县、全州县、兴安县与国民党军苦战五昼夜，最终从全州、兴安之间强渡湘江，突破了国民党军的第四道封锁线，粉碎了蒋介石围歼中央红军于湘江以东的企图。湘江战役是关系中央红军生死存亡的关键一战，在中国共产党和人民军队发展的历史上都具有重大意义。兴安界首红军堂、兴安光华铺阻击战遗址、灌阳红五师指挥所旧址等都记载了一段悲壮而英勇的革命历史。渡过湘江后，中央红军和中央军委两个纵队已由出发时的 8 万多人锐减到 3 万多人。其中，第三十四师被敌人重重包围，全体红军指战员浴血奋战，绝大部分同志壮烈牺牲。师长陈树湘在率余部 100 多人突围过程中壮烈牺牲，时年 29 岁。

兴安界首红军堂位于桂林市兴安县界首镇下街，界首渡口下游 100 米处，坐西向东，面临湘江。建于 1912 年，两进四合院式建筑，砖木结构，主体建筑面阔三间，抬梁式木构架，硬山顶，

● 兴安界首红军堂

风火山墙，是一座供奉天官、地官、水官的道观，故名“三官堂”。1934 年，红军长征途中湘江战役打响时曾在此设立临时指挥部，朱德、彭德怀指挥红军突破敌人的第四道封锁线。两个纵队在此江面架设的浮桥上渡过湘江。中华人民共和国成立后，当地老百姓将该建筑改称为“红军堂”。2006 年，兴安界首红军堂被公布为全国重点文物保护单位。

1934 年 11 月 29 日至 12 月 1 日，红三军团四师十团在光华铺抵挡了国民党等 4 个团的进攻，完成了掩护中央红军抢渡湘江的艰巨任务，在兴安光华铺与全州脚山铺、灌阳新圩组成了湘江战役的三大阻击战场。十团团长沈述清、四师参谋长（继任团长）

光华铺阻击战旧址

灌阳县红五师指挥所旧址

杜宗美等 400 多名红军战士壮烈牺牲。阻击战场距兴安县城约 10 千米，在界首镇南面约 3 千米处，向东至湘江约 2 千米，西靠越城岭山脉，北面为一片开阔的田垌与界首相望，其余三面均是山丘。

红五师指挥所旧址位于桂林市灌阳县新圩镇龙桥村委杨柳井屯，南距灌阳县城约 7 千米。原为该村黄姓村民住宅，民国时期建筑，砖木结构，分南北两屋，总面积约 130 平方米。2006 年，红五师指挥部旧址被公布为国家文物保护单位。

# 走向世界

——申遗项目

左江花山岩画被誉为世界岩画的瑰宝，人像、动物图像、铜鼓、环首刀等笔法古朴粗犷的1800多个图像，栩栩如生地勾勒出骆越先民生产、生活、战争、祭祀等的场景。海上丝绸之路是一条连接东西方的贸易之路、开放之路、文明交往之路，也是人类历史上最具影响力的文化遗产之一，它以得天独厚的区域优势和特色鲜明的文化特质展示了中华民族与海外文化交往、商旅往来的历史画卷。从秦始皇时期而来的灵渠，蜿蜒了2000多年，不停歇地沟通长江水系与珠江水系，是当时连接中原与岭南地区的交通大动脉，推动了两地的政治、经济、文化交流，促进了中原汉族与岭南百越民族之间的融合，以及海上贸易的繁荣发展。三江侗族自治县美丽而独特的侗寨，整齐连片的吊脚楼群依山傍水而建，俏丽的风雨桥如长虹飞卧，挺拔的鼓楼巍然独秀，还有古朴的寨门、戏台、井亭……数量之多、式样之繁、造型之美、技艺之精，令人叹为观止，有“世界楼桥之乡”的美誉。

21世纪以来，广西高度重视文化遗产的保护工作，为提高国际影响力，积极推动各地的世界文化遗产申报工作。截至2020年底，广西拥有世界文化遗产1处（左江花山岩画文化景观）、被列入《中国世界文化遗产预备名单》遗产3处（海上丝绸之路·北海史迹、灵渠、侗族村寨）。申报世界文化遗产，使得广西丰富的历史文化、多元的民族文化走出广西，走出国门，走向世界，为世人所熟悉，从而实现文化相融。

# 梦幻花山

在美丽的左江两岸，绵延 200 多千米的陡峭岩壁上，保存着战国至东汉时期（公元前 5 世纪至公元 2 世纪）壮族先民骆越人绘制的赭红色岩画，记录了 2000 多年前的祭祀场景和岩画绘制活动，反映了当时人们的精神世界和社会发展面貌。岩画、河流、山崖、台地、村庄等，构成了神秘而震撼的左江花山岩画文化景观。

左江流域的陡峭岩壁

左江花山岩画文化景观位于崇左市宁明县、龙州县、江州区和扶绥县境内，由岩画密集分布的、最具代表性的3个遗产区域组成，包括38个岩画点（含109处、193组岩画共4050个图像）及周边自然要素，遗产区面积6621.6公顷。其独特的景观构成模式、神秘的岩画图像表达、巨大的画幅规模、不可思议的作画位置，展现了人类杰出的智慧和创造力。左江花山岩画文化景观的真实性、完整性、独特性及体现的人与自然的有机融合，是岩画艺术文化景观中的杰出范例。2016年7月15日，左江花山岩画文化景观成功入选《世界遗产名录》，实现了广西世界文化遗产零的突破，填补了中国没有岩画类世界遗产的空白。

左江花山岩画作画地点选择在临江并离江面15～100米的峭壁之上，高崖绝壁，江水深渊，主要代表是宁明花山岩画、棉江花山岩画等。其中，宁明花山岩画是目前为止我国乃至世界上发现的画面最大、图像数量最多、保存最完好的一处岩画。据专家考证，花山岩画距今已有2000多年历史，为居住在左江流域的骆越民族所绘制，其绘制年代早期可追溯到战国时期，历经了战国、西汉、东汉等多个历史时期的不断完善，才形成这震撼人心的鸿篇巨制。凡左江流域各处岩画上所见的图像，在花山岩画画面上几乎都可以看到，而且许多画像为其他岩画点所未见。

岩画图像大致有人物、器物、动物三大类。人物图像是左江花山岩画中数量最多的一类图像，皆采用色块平涂法绘成，有正身和侧身两种，形态和姿势相同，为两手屈肘上举，两腿叉开呈半蹲姿势。器物图像有铜鼓、环首铜刀、羊角钮钟、青铜剑等。

左江花山岩画

动物图像可分为犬类和飞禽图像，其中犬类图像数量较多。岩画典型的组合是以正身人像、侧身人像构成主体，辅以犬、铜鼓、刀、剑、钟、船、太阳等图像；每一组正中或上方位置人像多为腰挂刀剑、头上有兽形装饰，配有坐骑的数米高巨人，其威风凛凛地居高俯视着击鼓弄乐、纵舞狂欢的人群，应为部族首领或活动的指挥者。仰视岩画，一幅壮丽的画卷展现在眼前：铜鼓声声，人欢马跳，群情激奋，欢声雷动。一个个赭红色图像组成的画面，既像庄严隆重的祭祀场面，又像钢筋铁骨的兵马阵，还像先民们狩猎归来的丰收欢乐图。这些岩画构图与人物造型勾画出一幅幅内容丰富、意境深远的画面，或许是巫术文化的遗迹，真实地反映了已经消逝久远的骆越社会的活动情景。

左江花山岩画就像是一本还没有被破译的天书，至今还有许多令人无法解开的谜：花山岩画所传达的内容是什么？在2000多年前生产力水平不发达的情况下，在这高耸陡峭的岩壁上，这些图像是怎么画上去的？人们为什么要冒着生命危险去画，有何目的和意义？花山岩画已历经2000多年风雨侵蚀，为何色彩还能

岩画上的人物图像

铜鼓鼓面

铜鼓鼓面

动物图像（犬）

正身人像

● 岩画局部图像

如此鲜艳？古人用的是什么颜料？……一系列疑问，直到现在还没有找到令人完全信服的答案。

对于这些岩画是如何画上去的，有人认为采取自下而上攀缘法，即利用岩石裂隙、崖壁上部或下部的树枝、树根等，攀缘而上到达作画地点的方法；有人认为采取自上而下悬吊法，即以绳索、藤条之类为辅助工具，利用岩石裂缝、树根等，从崖壁顶部悬吊攀缘而下以到达作画地点的方法；有人认为采取高水位浮船法，即在山洪暴发、江水上涨之时，利用高水位浮船或木排到崖壁下作画的方法；还有人认为采取直接搭架法，即在坎坡上搭建一定高度的木架，作画者攀在木架上作画的方法……但这些猜想都不能完美地解决登高绘画的问题。

而关于花山岩画的内容，又是另外一个不解之谜。由于花山岩画历史久远，又缺少相关文献记载，有人认为岩画是骆越首领用以显示统治力量，宣扬自己的文治武功的；有人认为骆越人绘制岩画是为了祭祀神明；有人认为岩画描述的是骆越人抗击外敌入侵战争胜利的庆祝场面；有人认为岩画表达了骆越人祈求上天保佑其兵强马壮、社会繁荣；有人则认为岩画是骆越人用来镇河妖，祈求风调雨顺的……众说纷纭，至今还没有定论。但可以肯定的是，以花山岩画为中心的左江流域岩画长廊，以其岩画地点分布之广、作画难度之大、画面之雄伟壮观，在国内外均享有盛名，具有浓厚的艺术内涵和重要的考古科研价值。从岩画中，不仅看到了骆越人的绘画艺术成就，还可以感受到当时社会生活丰富的内容和劳动人民勤劳、勇敢、奋斗的精神。

关于左江花山岩画的由来，在民间流传着许多充满浪漫色彩的传说和故事，如《马伏波将军作画》《蒙大画兵马》等。

## 马伏波将军作画

相传，汉朝名将马援受皇上之命，领兵南下平定交趾（今越南）。有一次，战争受挫，马援被交趾兵打败。马援命士兵们在百念村花山岩洞前修筑一道城墙，以抵御交趾兵的入侵，他则整日躲在花山岩洞里冥思苦想、出谋划策，并用赭石做颜料在崖壁上绘画兵马和打仗的情形。花山岩画由此而成。

此后，马援连打胜仗，平定了交趾，战绩赫赫，被朝廷封为伏波将军。他作的画一直保留至今。

## 蒙大画兵马

古时候有个奇人叫蒙大，他十来岁就食量惊人，且力大无比。那年兵荒马乱，官刮民财，老百姓苦不堪言。蒙大忍受不了压迫，决心造反，但苦于没有兵马刀枪，不知道该怎么办。他每天上山砍柴，总是呆呆地坐在石头上一筹莫展。一天，来了一位银须白发的老人，送给蒙大一叠纸和一支笔，老人吩咐道：“你在这纸上面画兵马刀枪，等到满百日，纸上的兵马就会变成真人真马了，但千万不要让任何人知道。”老人说完便飘然而去。从此，蒙大每天干活回来，就关在屋里写写画画，废寝忘食。母亲觉得奇怪，追问他，他总是说："百日后你就知道。"谁知在第九十九天时，母亲实在忍不住了，心想：只差一天不要紧吧，待我看看他画的是什么。于是，趁蒙大不在家，母亲便推门进去打开画箱。刹那间，只见那些尚未够时日的兵马纸片已经能活动了，便哗啦啦飞出屋外，但它们还不够成熟，体力不足，撞到崖壁后就被粘住飞不动了，于是变成了岩画。

千年岩画，文化盛景。左江花山岩画是一幅跨越千年的壮丽画卷，也是一部民族文化活态传承的生命史诗。左江流域是以壮族为主体的多民族聚居地区。蜿蜒流淌的左江，曲折盘旋于丛山奇峰之中，青山如黛、碧水如画，植被茂盛、古树参天，宛如人间仙境。这里栖居和生长着许多珍贵的动植物，保持着人与自然和谐共处的生态环境。各民族在千百年的融合发展中保留了独特的民俗文化，如"三月三"、祭祖、唱山歌、抛绣球、抢花炮、赛龙舟、打糍粑、织壮锦、奏天琴……多彩风俗，处处风景，这里是美丽的家园。

# 碧海扬帆

海上丝绸之路是借助“丝绸之路”的概念衍生出的，对从西太平洋到南中国海，经马六甲海峡跨越印度洋，到达西亚、地中海地区和非洲东岸的古代海上商贸、交通线路的表述。其始于公元前 2 世纪的西汉时期，兴于 8 世纪的唐代中叶，盛于 10—14 世纪的宋元时期，逐渐衰落于 17 世纪的明代后期，直至清道光二十年（1840 年）鸦片战争爆发时结束。在长达 2000 年的历史中，海上丝绸之路作为一条东西方不同文明板块之间经济、文化、科技传输的纽带，对世界文明发展进程产生了巨大的影响。

最早开通的海上丝绸之路，是从北部湾地区出发的。《汉书·地理志》记载，汉武帝在平定岭南、设置郡县后，即派遣官方使团从合浦郡的合浦、徐闻两港出发，驶离日南边关，经由马来半岛，抵达今印度和斯里兰卡。这条远洋贸易航线，标志着海上丝绸之路的正式开通，合浦、徐闻也因此成为最早的始发港，从目前两地出土文物来看，又以合浦最为繁荣。之后的历朝历代，北部湾地区作为国际性的水陆交通要冲及中国联系外部世界的通道和纽带，均发挥了不可替代的作用，不仅作为开放前沿带去汉文化，促进沿线地区对汉文化的了解，而且也促进了解域外文化，从而增进不同文化的交流。

合浦就是镶嵌在南中国海岸上的一颗耀眼的明珠，有“中国南珠之乡”的美誉，位于广西南部、北部湾畔、南流江入海口，得名于江海交汇之处。其历史悠久，历经2100多年，地名从未变易，拥有众多汉代历史文化遗存。合浦是中国汉代海上丝绸之路的始发港之一，在历史上曾是中国南方和西南地区重要的出海港口，是中原通往东南亚、南亚地区的交通枢纽，是一个中外商贾云集、繁华富庶的国际商港。

早在先秦时期，当地骆越部族与东南亚国家就已经开展了海上交往。

汉武帝即位后，南平两越，北击匈奴、通西域，开发西南夷，平定四方，创建了汉朝的极盛时期。汉武帝积极开拓的中亚商路，也就是人们通常所称的“陆上丝绸之路”（或称“沙漠绿洲丝绸之路”），时常发生动乱，忽通忽断，而且安息商人为了牟取暴利，故意从中阻隔，虽经张骞出使，历经艰难，但也难以改变这种多变的局面。汉武帝遂又采纳张骞关于通过“蜀身毒道”，先与印度接触，再从印度出发直达中亚的建议，但这条通道要经过少数民族地区，沿途多原始森林、深山峡谷，大多是崎岖山路、栈道索桥，稍有骚扰，商路便会被阻断，比西北的商路更难保障其畅通。所以，张骞生前始终未能打通此道。及至元鼎六年（公元前111年），汉武帝平定此前割据岭南的南越国，在秦三郡的基础上分置为九郡。雄才伟略的汉武帝迫不及待地开通了一条从北部湾畔的合浦郡出发，与西方往来的海上通道。于是，北部湾地区一跃成为汉朝对外开放的桥头堡，合浦港则成为这一航线的始发港。

魏晋南北朝时期，具有鱼盐、珠玑之利的合浦在海上丝绸之路中具有重要地位。以珍珠贸易为代表的商业活动日益频繁，东南亚、南亚各国，纷纷由交趾循海而行，通过合浦北上或东行，向中原王朝朝贡。

唐宋时期，合浦是东南亚、南亚及海外诸国向中原王朝朝贡的重要通道，是沟通海、陆丝绸之路的重要枢纽，同时发挥着西南地区内外贸易集散地的作用。宋人陶弼在诗中写道：“商夸合浦珠胎贱，民乐占城稻谷丰。”这是宋代合浦海上丝绸之路商贸繁盛的真实写照。

明清时期，合浦依然是东南亚各国与中国开展民间贸易的重要港口城市。通过合浦移民中南半岛、马来半岛等地的中国人不断增多，推动了有侨民参与的互动、互利、共赢的商业网络形成和发展。

在海路贸易过程中，我国输出的商品首为“明珠”（即珍珠）。《后汉书·孟尝传》记载了关于《合浦珠还》的故事。在东汉时期，合浦郡沿海盛产珍珠，这些珍珠又圆又大、色泽纯正，一直誉满海内外，人们称它为“合浦珠”。当地百姓都以采珠为生，以此向邻郡交趾换取生活所需的粮食等物品。采珠的收益很高，一些官吏乘机贪赃枉法，巧立名目盘剥珠民。为了捞到更多的油水，他们不顾珠蚌的生长规律，一味地叫珠民去捕捞。结果，在合浦能捕捞到的珠蚌越来越少了。合浦沿海的渔民向来靠采珠为生，很少有人种植稻谷，因为采珠多，收入高，买粮食花些钱便不在乎。之后采珠少，收入大量减少，渔民们连买粮食的钱都没有了。汉顺帝刘保继位后，派了一个名叫孟尝的人去任合浦太守。孟尝到任后，很快找出了当地渔民没有饭吃的原因，他下令革除弊端，废除盘剥的规定，并且不准渔民滥捕乱采，以便保护珠蚌资源，处处为民求利。不到一年，珠蚌又繁衍起来，合浦又成了盛产珍珠的地方。

海上丝绸之路，不仅仅是一条商贸之路，同时也是文化交流、艺术传播、思想交融的和平之路。2000多年来，以合浦为始发港的汉代海上丝绸之路的开辟和发展，推动了中外经济文化的交流，促进了人类文明的进步。海上丝绸之路积淀了以和平合作、开放包容、互学互鉴、互利共赢为核心的丝路精神，也为合浦留下了合浦汉墓群、大浪古城遗址、草鞋村遗址等大量文物史迹。

2012年，国家文物局公布《中国世界文化遗产预备名单》，“海上丝绸之路·中国史迹”项目位列其中。该项目包括合浦汉墓群、大浪古城遗址和草鞋村遗址，三处遗产点互为关联，其中以合浦汉墓群的规模最大、完整性最好，均为全国重点文物保护单位。“海上丝绸之路·北海史迹”作为海上丝绸之路的早期遗存，在整个海上丝绸之路历史中占有不可或缺的重要地位。

考古发现印证了合浦海上丝绸之路贸易的繁盛，从20世纪50年代至今共发掘了1200多座墓葬，出土文物近2万件（套），包括陶器、铜器、铁器、金银器、玉器、玻璃器及各类珠饰，与海上丝绸之路相关的文物共有 1300 多件（套）。

现存规模宏大的汉墓群，是合浦曾经繁华的历史见证。合浦汉墓群分布于西门江以东的县城及其东、南、北三面，面积约 68 平方千米，地下墓葬有上万座之多，以汉墓居多，其次为三国墓，还有少量晋墓和南朝墓。合浦汉墓群出土文物数量庞大，种类丰富，以陶器为主，铜器次之，另有金器、银器、铁器、玉石器、珠饰，还有少量骨器、竹木器、漆器等。陶器、金器、玉石器、珠饰等因质地坚硬且耐腐蚀，大多保存完整；由于埋藏环境潮湿，土壤偏酸性，铜器、铁器、银器保存状况较差；竹木器、骨器、漆器等多已腐朽，但仍可大体判断，不失其重要价值。最具地域特色的是合浦汉墓出土了大量与海上丝绸之路相关的文物，主要是作为奢侈品输入的珠饰和香料。珠饰包括玻璃、石榴子石、琥珀、水晶、绿柱石、绿松石、肉红石髓、玛瑙、蚀刻石髓、金珠等 10 个种类。一些非贸易品，如波斯陶壶、铜钹等也随之传入合浦。上述器物，大多来自东南亚、南亚、西亚和地中海地区。随着贸易而开展的文化交流，使一些外来文化元素逐渐融入本土器物中，如勾画外来人种的胡人俑，与西方有翼神兽关系密切的羽人铜座灯，以及反映佛教海路南传的钵生莲花器等。合浦汉墓对研究汉代岭南政治、经济、文化及海上丝绸之路贸易交流等，均具有重要的学术价值。

大浪古城遗址位于合浦县城东北约 13 千米处的石湾镇大浪村。发掘前，城址保存较好，城墙和护城河的轮廓大致可见。城西依托古河道，其余三面均有护城河环绕，并与古河道相通。西

金饼

角轮形环

湖蓝色玻璃杯

藏青色玻璃杯

六棱柱玻璃串饰

钠钙玻璃串珠

玻璃碗

域外输入的玻璃器

石榴子石系领形珠饰

肉红石髓狮形串饰

肉红石髓鹅形、狮形串饰

玛瑙串饰

蚀刻石髓扁平系领形珠饰

● 域外输入的奇石异物

● 波斯陶壶

陶人俑

侧座灯

● 陶俑

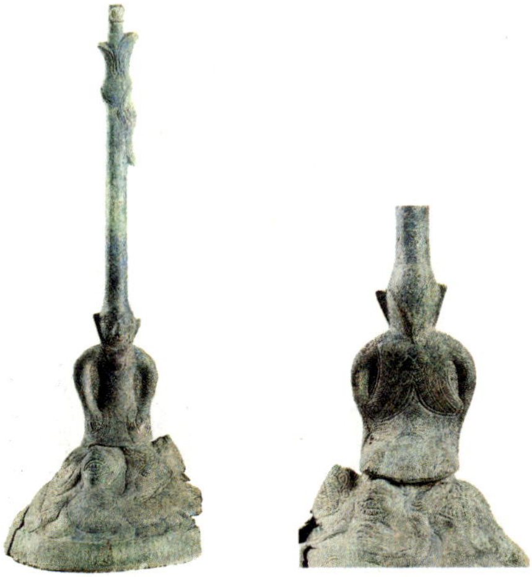

正面　　背面

羽人铜座灯

城墙的南半段和南城墙几乎被现代建筑破坏殆尽，东城墙、北城墙及西城墙的北半段则保存较好，现存城墙残高 1 ～ 3 米、残宽 5 ～ 20 米。

草鞋村遗址位于大浪古城遗址的下游河岸，距现入海口约 10 千米。出土遗物包括陶器、铜器、铁器和石器等。草鞋村遗址继承和发展了大浪古城的城市功能，它的确认以及大规模、完整的汉代手工作坊遗迹的发现，对考古学、历史学研究具有十分重要的意义，也为汉代海上丝绸之路港口贸易、管理场所的研究提供了重要的实物资料。

合浦不仅通过内河航运形成出海口与内陆交通的天然网络，

为北部湾地区汉王朝对外开放的主要口岸，而且北接陆上丝绸之路，向西连通西南地区，形成汉王朝南北交通的重要枢纽，通过海上丝绸之路传入合浦的珠饰、玻璃器等器物也深入传播到南方各地和中原地区。从合浦溯南流江而上，陆路步行经北流江与南流江的分水坳——桂门关（又称鬼门关），进入北流江（又称北流河），连接西江后，一路可溯桂江而上，经秦始皇攻打岭南时修筑的灵渠，沿湘江进入长江水域，然后走武关道（南阳南郡道）到达长安；另一路溯贺江而上，再走陆路，从潇贺古道翻越萌渚岭，然后从潇水进入湘江，与前一路会合。向东，北部湾沿岸至东南沿海的航运也很发达，可沿海路到达东冶（今福建省福州市），然后通过闽赣关隘进入长江。向东这一路，沿海北上，甚至可以延伸至日本列岛和朝鲜半岛。

虽然随着造船、航海技术的提高，船只变大，航线延长，各种大船可以绕过北部湾，直接驶向华南、东南和东部沿海各港口，合浦港失去了昔日的优势地位，汉代海上丝绸之路最终走进了历史，但是其所带来的中外文化交流、互动的关系却完整保存至今。“海上丝绸之路·北海史迹”遗产区内包含的承载其突出普遍价值的全部遗产要素是几千年传承下来的珍贵遗产，分布在近百平方千米的范围内，能够完整地体现遗产的发展过程和价值特色。合浦汉墓群作为墓葬区，大浪古城和草鞋村遗址作为聚落区，它们于所在地域内相互依存，不可分割，为中国航海史、对外贸易史提供了珍贵的实物资料，也为合浦作为最早的海上丝绸之路始发港之一提供了重要证据。

# 渠通湘漓

灵渠，位于广西壮族自治区兴安县境内，古称秦凿渠、零渠、离水，唐代始称灵渠，民国时期曾称湘桂运河、兴安运河，被誉为世界古代水利建筑明珠。灵渠最初建成于秦始皇三十三年（公元前 214 年），是与都江堰、郑国渠齐名的秦统一中国进程中的三大水利工程之一，也是目前世界上现存最古老的人工运河之一，是全国重点文物保护单位，2012 年被列入《中国世界文化遗产预备名单》，2018 年获国际灌溉排水委员会列入第五批世界灌溉工程遗产名录。

秦始皇二十六年（公元前 221 年），秦始皇统一中原之后，分天下为三十六郡。当时的百越地区还处于相对落后的原始部落状态，尚未纳入中国版图，秦始皇为了统一岭南，便派大将屠睢率五十万大军，分为五路从今天的湖南省、江西省境内向岭南百越地区发动征服战争。但是，秦军的进攻立即遭到百越部族的顽强抵抗。加之岭南山路崎岖，交通极为不便，秦军的车马无法像在中原地区一样发挥纵横驰骋的优势，粮饷转运十分困难，以致秦军遭受重创，战事处于胶着状态，三年兵不能进。为了解决秦军的后勤补给问题，秦始皇二十九年（公元前218年），秦始皇命郡监御史禄督率士卒在今广西兴安县境内的湘江、漓江之间修建一条人工运河，转运粮饷。秦始皇三十三年（公元前214年），灵渠凿成，沟通了湘江、漓江，打通了南北水上通道，使秦军得到源源不断的粮草补给和兵源补充，因而迅速统一了岭南。

灵渠沟通湘江和漓江，联系长江与珠江两大水系，成为中国古代连接中原与岭南地区的交通大动脉，在促进秦始皇统一岭南，拓展中国陆地与海洋版图，巩固南部边疆，促进岭南地区政治、经济、文化的发展，促进华夏民族与百越民族的融合，加强古代海上丝绸之路与中国内地的联系，促进中国与东南亚、南亚及地中海各国友好往来等方面，发挥了十分重要的作用。英国科学家李约瑟在其编纂的《中国科学技术史》中称灵渠为“历史奇迹”，这亦足见灵渠在世界科学技术史上的地位和影响力。

灵渠是一条由“湘江—北渠—分水塘—南渠—漓江”组成的完整运河，整条航道长约37千米。灵渠的工程结构非常精当，可概括为枢纽工程和渠系工程两大部分。其中，枢纽工程包括大天平、小天平（重力式砌石溢流坝）、铧嘴（分水导水护堤建筑）、南陡、北陡（引水或进水建筑物），渠系工程包括南渠、北渠、陡门、泄水天平、堰坝、水涵等建筑物。尽管这些建筑物兴建的时间有先后，但是它们互相关联，形成一个功能完整的水利工程。

除通航外，灵渠还是一处完美的水利灌溉工程。它设置了许

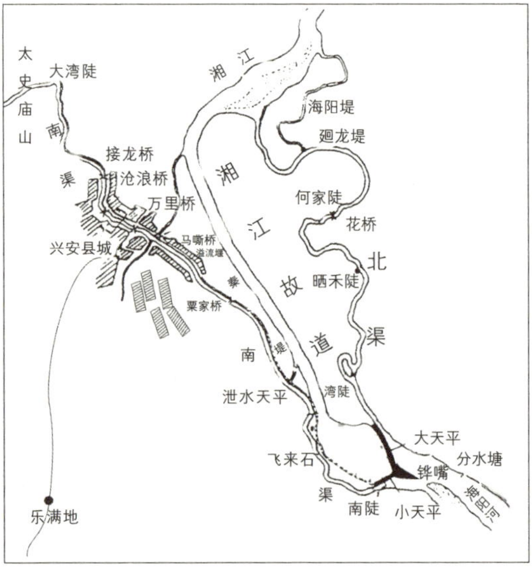
湘江
太史庙山
大湾陡
南渠
接龙桥
沧浪桥
万里桥
兴安县城
马嘶桥
溢流堰
秦
粟家桥
堤
南
泄水天平
飞来石
渠
南陡
小天平
铧嘴
大天平
分水塘
湘江故道
海阳堤
廻龙堤
何家陡
花桥
晒禾陡
北渠
湾陡
乐满地

灵渠主体工程示意图

多支渠、堰坝、水涵等灌溉设施。千百年来，灵渠静静地灌溉着沿岸数万亩农田，促进了沿岸经济社会的发展，并形成了一片郁郁葱葱的自然生态景观。

如今，尽管灵渠已逐渐失去其初始作为水利工程的功能，但是它对促进中原与岭南之间政治、经济、文化的交流与融合所起的巨大作用却永远铭刻在中国的发展历史中，已成为一处历史文化、人文景观和自然风光完美结合的风景名胜。民国时期，灵渠所在地被定名为秦堤风景区。中华人民共和国成立后，设立了灵渠公园，陆续恢复和新增一大批景点，有分水塘、大天平、小天平、铧嘴、分水亭、南陡阁、四贤祠、美龄桥、鲤鱼洲、临源寺、观景阁、秦文化广场、秦堤、飞来石、鸟鸣亭、荷花池等景点，

俯瞰铧嘴

南陡

灵渠沿岸景观

灵渠穿越县城的一段还有水街及马嘶桥、万里桥、娘娘桥、接龙桥等景观，整个灵渠已成为大桂林旅游圈中的一颗璀璨明珠。

## 飞来石的传说

传说当年秦始皇为了平定岭南，命一个叫史禄的监察官率领大批士卒和众多民夫，在今兴安县境内修建一条渠道，沟通湘江和漓江，以便秦军转运粮饷。

首先，史禄任命一个姓张的工匠主管修坝施工工作。这个姓张的工匠带领民夫们认认真真、辛辛苦苦地干了大半年，渠道总算建成了，大家好不快活。大坝正式蓄水那天，大家敲锣打鼓、手舞足蹈地欢庆。然而，喧闹之声却惊醒了临源岭下好吃贪睡的猪婆龙。这猪婆龙醒来后发现，原来畅通无阻的湘江上游海阳河被人们砌了一道石坝，阻断了它来回游玩的水道，气得火冒三丈，便铆足了劲，用它那坚硬如铁的大嘴巴用力一拱，将那砌得好端端的堤坝拱崩了，河水又流进了湘江故道。结果，监察官责怪主管修坝的张工匠施工不力，予以问斩。

接着，监察官又命令一个姓刘的工匠负责修筑渠堤。刘工匠带着众人继续辛勤劳作，小心应付。他们从春到冬，含辛茹苦、披星戴月地不停工作，还改进了修渠的方法，好不容易把崩了的堤坝又砌了起来，而且修得更加牢固了。刘工匠还对整个堤坝反复检查了几遍，认为这回肯定万无一失了。谁知道洪水一来，猪婆龙又把渠堤拱崩了。监察官见了，不分青红皂白，又把刘工匠杀了。

两个工匠接连被杀，洪水还冲垮了下游无数的房屋，毁坏了大片农田，造成大量家庭家破人亡，沿河两岸的老百姓哭声震天，惊动了云游到此的白鹤大仙。白鹤大仙下界了解情况后，发现原来是猪婆龙作的孽，于是便施法术从四川峨眉山搬来一块石头，把猪婆龙镇压在灵渠岸边，使其永世不得翻身。这样，姓李的工匠再次修渠的时候，顺利地把渠道修成了。

由于这块石头一夜之间从天外飞来，人们觉得这块石头来得很神奇，就把这块奇特的石头叫作“飞来石”。后来，人们又发现修成的渠道不仅设计灵巧，而且在祈福消灾方面非常灵验，便将渠道叫作“灵渠”，并且在这块石头上刻上“灵渠”“飞来石”几个大字，供人们瞻仰、膜拜。

## 三将军的传说

传说，很久以前，越城岭下有三个手艺精湛的建筑工匠，分别姓张、刘、李。这三人是同一个师傅教出来的结拜兄弟，个个都能独当一面，造房修桥，出手不凡。

听说秦始皇要开凿渠道以运输粮草，三人便打算去应征修渠，并计划待打完仗后利用这条渠道为老百姓灌溉和泄洪。在修筑过程中，因工程难、期限紧，未能如期完工和达到理想效果，张、刘二人先后被杀。后来李工匠在吸取张、刘二人经验教训的基础上改进设计，修固了拦河坝，并在渠道沿岸设置了泄水天平（也叫溢流堰），以便泄洪。又把自小天平坝西侧往下300多米的南渠改道，以一座小石山为依托，向石山的内侧开挖渠道，依石筑堤，堤埂就变得又宽又牢，不易被冲垮了。灵渠修成后，秦始皇敕封他为大官，他却不愿居功独赏自杀了。

后来，当地百姓敬佩张、刘、李三位工匠非凡的功绩和义气，把他们合葬在城台岭下的灵渠岸畔，并尊称他们三人为“三将军”。关于他们的传说也随着古老的灵渠代代相传。

古往今来，过往灵渠的文臣武将、达官贵人和文人骚客不计其数。早在灵渠开凿过程中，就有为修灵渠而殉职的张、刘、李“三将军”的动人传说，如今纪念“三将军”的古墓仍然静卧在灵渠岸畔。灵渠修建历史上有著名的“四贤”——秦代郡监御史禄、东汉伏波将军马援、唐代桂管观察使李渤、唐代桂州刺史鱼孟威。到过灵渠的重要历史人物还有唐代的宰相张九龄、大文豪柳宗元、大诗人李商隐；宋代的政治家范成大、李师中，著名诗人秦观、张孝祥、刘克庄；明代宰相严嵩，工部尚书严震直，著名学者解缙，旅行家徐霞客；清代封疆大吏鄂尔泰、阮元，诗人袁枚；民国时期的国民党政要蒋介石、宋美龄夫妇及李宗仁、白崇禧、李济深，剧作家田汉，诗人柳亚子；等等。历史上往来灵渠的文人墨客留下了大量优秀的诗词文章。柳宗元的《全义县复北门记》成为传诵千古的佳篇，袁枚的“江到兴安水最清，青山簇簇水中生。分明看见青山顶，船在青山顶上行”一诗更是脍炙人口。1963年3月28日，著名历史学家、考古学家、文学家、社会活动家郭沫若与著名历史学家翦伯赞联袂参观灵渠。郭沫若有感而发，写下《满江红·灵渠》一词，在词后的跋文中称赞灵渠“诚足与长城南北相呼应，同为世界之奇观”。翦伯赞则发出感叹：“凿通五岭奠南疆，楚粤秦吴一苇航。如此丰功看不见，史家偏喜说阿房！”

郭沫若《满江红·灵渠》碑刻

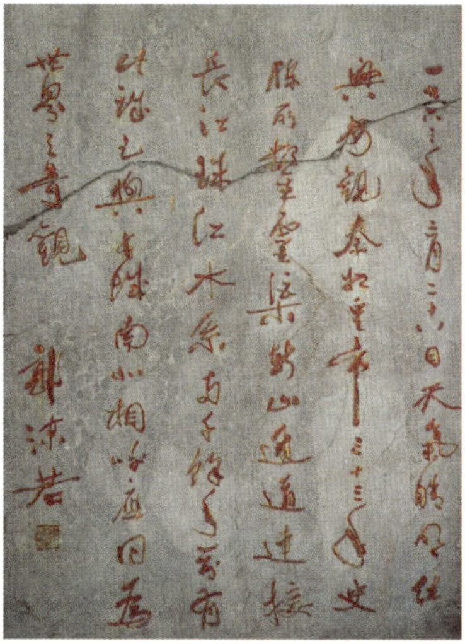

郭沫若《满江红·灵渠》跋文碑刻

# 传奇侗寨

在我国湘、黔、桂三省区毗邻的广大地带，山峦重叠，杉木葱茏，桐茶遍岭，江水奔腾，侗族的无数村寨就遍布在这一带苍翠的山谷里。这一带是侗族传统文化保存最好最完整的区域，也是侗族村落文化景观最为典型的区域。这些村寨依山傍水，聚族而居，大寨三四百户，小寨三五十户，极少单家独户。江河两岸，山坡台地，分布着密疏有序的吊脚楼、高耸雄伟的鼓楼，秀丽的风雨桥串起村寨的交通道路。

2012年，广西壮族自治区三江侗族自治县与由贵州省榕江县、从江县、黎平县，湖南省通道侗族自治县、绥宁县的25个村寨组成的“侗族村寨”入选《中国世界文化遗产预备名单》，其中在三江地区侗族村寨中选取了具有代表性的马鞍、岩寨、平寨、冠小、高友、高秀、高定等7个村寨，为侗族村寨正式申报世界文化遗产迈出了重要一步。

三江侗族自治县的侗族村寨保护较完整，人口众多，建筑集中分布、规模宏大；吊脚楼、鼓楼、风雨桥等木结构建筑工艺高超，美不胜收，与自然环境和谐协调，有着极高的民族学、人类学等重要价值。其中，程阳风雨桥（又名程阳永济桥）、岜团桥为全国重点文物保护单位，马鞍寨、平寨村、岩寨村为中国历史文化名村，侗族木结构建筑营造技艺、侗族大歌、侗戏等项目被列入国家级非物质文化遗产名录。

三江侗族自治县的侗族村寨建寨历史悠久，寨内许多民居都是明清时期建造的。尤其是马鞍、岩寨、平寨、冠小、高友、高秀、高定等村寨，作为侗族村寨的代表，完整保留了侗族的聚落形态、建筑风貌、生产方式、生活方式和文化事项。房屋多用杉木建成，布局紧密有序，道路多以石板铺成，连接每家每户。鼓楼高耸，是村寨的中心，少则一座，多则六七座。吊脚楼、鼓楼、戏台、芦笙坪、风雨桥、寨门、凉亭、水井、井亭、石板路、消防水塘、祭祀坛、土地祠等，构成了和谐一体的民族文化景观，独具特色。

鼓楼和风雨桥是侗族建筑艺术的最高代表，均为杉木穿榫构筑，不用一钉一铆，这充分体现了侗族人民擅长建造木结构建筑的特点和高超的工艺水平。

鼓楼是侗族村寨村民议事、祭祀、典礼等公共活动场所，特别是逢年过节，侗族人民聚集在鼓楼前的广场上唱歌跳舞，所谓“吹彻芦笙岁又终，鼓楼围坐话丰年”。比较有代表性的鼓楼有三江侗族自治县的马胖鼓楼、平岩寨鼓楼、八江鼓楼等。其中，马胖鼓楼是广西最大的鼓楼文物建筑，是侗族塔阁式鼓楼中最大、最壮观、最具特色的鼓楼。

鼓楼文化是侗族传统文化的核心部分，传承着侗族大歌、侗戏、吹芦笙、祭萨、侗族斗牛节等传统文化，现在还保存着大量的非物质文化遗产和比较完整的古典朴素的民风民俗。以侗族情歌、双歌、琵琶歌、芦笙舞、多耶舞、侗戏等为代表的民族歌舞、戏曲，展现了侗族能歌善舞的生活韵味；以银饰、侗帕、侗锦为代表的五彩斑斓的侗族服饰、刺绣，鲜活地反映了侗族对美好生活的向往、精湛的工艺水平和独特的民族特征；以酸为名的酸鱼、酸肉、酸菜等饮食习惯则代表了侗族独特的饮食文化。此外，侗族特有的“萨”文化、“款”文化、“也”文化和具有侗族特点的婚丧嫁娶以及众多的节庆活动等，集中构成了侗乡原始古朴的生活场景及社会风貌。

马胖鼓楼

侗族婚礼一般在春节期间举行，“回门”是侗族婚礼最奇特、最隆重的部分。“回门”即送新娘回娘家，此时新郎不得随行，而由新郎家的兄弟姐妹和亲朋好友挑着彩礼，组成浩浩荡荡的送亲队伍把新娘送回娘家。送亲的队伍越长，表示新郎家的家业越兴旺。彩礼有侗族特有的酸鱼、酸肉、酸鸭等。伴娘是新郎寨上的年轻姑娘，在长长的送亲队伍中，新娘走在最后面，手里抓着一块布，以便外人辨认。送亲途中，为了显示新郎家的家业，送亲队伍往往故意绕道而行，专找人群密集的地方通过。沿途每经过一个寨，都要燃放爆竹。新娘被送到娘家后，伴娘不得进新娘娘家门，要立即返回新郎家。娘家人随即给每位客人端上一碗加了

● 程阳风雨桥

糖的油茶，称为“喜茶”。晚上，送亲队伍中的未婚青年和新娘寨上的未婚青年通常会聚在一起聊天，寻找意中人，谓之“坐夜”。

古时，有人曾尝试为侗族人创造了一种文字——侗文，可惜没有流传下来。传说侗文非常奇怪，既像英文又像拉丁文，这个创造文字的人被奉为英雄萨玛。在母系氏族的时候，外族人侵犯侗寨，作为首领的萨玛带领侗寨的人一次次摆脱困境。最后一次冲突发生的时候，外族人威胁萨玛放弃侗寨，萨玛拒绝了这个无理要求并跳崖自尽，从而保全了侗寨。侗族人虽然也拜关公、观音等外来神像，但是这些神像只能搁置在风雨桥上供奉，能进入到各个村寨里供奉的只有萨玛，被称为“萨玛天岁”。

在侗族聚居的地方，有河必有桥，桥梁大多建在村前寨后的交通要道上。除了木质结构的桥，还有石拱桥、石板桥、竹筏桥等。其中，名为“风雨桥”的一种长廊式木桥，以独特的艺术结构和高超的建筑技巧而远负盛名。

程阳风雨桥、岜团桥等是侗族风雨桥的代表。程阳风雨桥，是马鞍寨最引人瞩目的建筑，也是广西侗族地区规模最大、造型最美观、民族特色最浓郁的风雨桥，与我国的赵州石拱桥、泸定铁索桥及罗马尼亚诺娃沃钢梁桥齐名，为世界四座历史名桥之一，2008 年被美国广播公司评为“世界十大最壮观桥梁”之一。传说侗王吴勉为联络各侗寨联合抗击封建王朝对少数民族的压迫，中途下马饮水休息，同时松开马鞍让马也歇息，后来他的马鞍所放之处就成为现在的马鞍寨，他的马鞭变成了一座跨河的独木桥。人们为了纪念吴勉，便在原独木桥上修建了举世闻名的程阳风雨桥。1965 年郭沫若到广西调研时，看到程阳风雨桥的照片，惊诧于侗族地区竟然有如此高超的工艺技巧和精湛的建筑艺术，题诗曰:“艳说林溪风雨桥，桥长廿丈四寻高。重瓴联阁怡神巧，列砥横流入望遥。竹木一身坚胜铁，茶林万载茁新苗。何时得上三江道，学把犁锄事体劳。”

# 后　记

为深入实施中华优秀传统文化传承发展工程，弘扬广西优秀传统文化，传承地方文脉，凝聚思想共识，增强文化自信，提升广西优秀传统文化影响力，广西壮族自治区党委宣传部策划了“文化广西”丛书项目，该项目为广西庆祝中国共产党成立100周年的重点文化建设项目。应广西科学技术出版社陈勇辉女士的邀约，我们承担了“文化广西”丛书遗存系列中的《广西文物》分册的编写工作。

在编写本书之前，我们进行了研究和讨论，从既要考虑总结广西文物工作的全面成就，也要考虑普及性、通俗性、可读性和趣味性的角度出发，确定了编写的框架结构及主要内容。我们三人都长期从事考古专业研究工作，手头早已收集了大量第一手资料。于是，我们在系统梳理现有资料的基础上，深入挖掘，以科学严谨和精益求精的态度，尽力在短期内拿出了初稿。

在后期的编辑过程中，我们与广西科学技术出版社的编辑团队反复开会沟通，从内容整合、图片甄选到标题设置、文字表述等各方面，进行了充分论证，多次修订、补充和审定，不少地方甚至多次逐字逐句进行分析、整理和加工，努力保证本书的内容质量，确保本书得以按期付梓。

本书在编写过程中得到了广西壮族自治区文化和旅游厅、广西壮族自治区文物局的大力支持，文物保护与考古处处长吴兵协调提供所需资料；还得到了广西壮族自治区博物馆、广西文物保护与考古研究所、广西民族博物馆、广西自然博物馆、桂林博物馆、梧州市博物馆、龙州起义纪念馆、东兰革命纪念馆、桂林红军长征湘江战役文化保护传承中心等文博系统单位的支持，蓝日勇、欧波、熊昭明、陆卫、朱秋平、谢光茂、林京海、韦卫能、曾燕娟、邓志强、杨全忠、陈兴华、覃佳玲、王然等提供相关照片和资料；还参考了《灵渠》(郑连第、刘建新著，广西科学技术出版社 2018 年出版)、《合浦汉墓》(熊昭明、富霞著，广西科学技术出版社 2018 年出版)等图书，广西科学技术出版社的编辑团队也做了大量的工作，付出了辛勤的汗水。在此，一并致以衷心的感谢！

由于广西历史悠久，文物资源丰富多彩，考古发现成果不断，因此想在一本书中就能体现广西文物工作成就、文物全貌实非易事，我们只能尽力挑选其中既有历史价值、科学价值和艺术价值，又有一定代表性的精华部分展示给读者，以呈现广西文物的精彩与神奇。书中若有错漏及不足之处，敬请读者提出宝贵意见。

林强

2021 年 6 月